학습컨설팅 시리즈

05

학습전략 프로그램

: 시험관리

Learning Strategies Program: Test Management

김정섭 · 강명숙 · 윤채영 · 정세영
김지영 · 김소영 · 황두경

박영story

머리말

미래에는 학습이 중심이 되는 시대가 올 것이며, 평생학습이 더 확산될 것이다. 그러나 아직까지 학교현장은 학습보다 교육에, 학생역량보다 교사역량에 더 초점을 두는 것 같다. 가르치는 사람이 교육의 주체라고 여기는 사람들이 여전히 많기 때문이다. 대부분의 사람들은 교사가 잘 가르치면 학생은 잘 배울 것이라고 믿는다. 그래서 많은 교육자들이 학습의 질은 교육의 질을 넘어설 수 없다고 말한다.

그러나 교육의 질과 학습의 질을 동의어로 보아서는 안 된다. 교사의 역량과 상관없이 학생이 자기주도적으로 학습할 때 더 잘 배울 수 있기 때문이다. 교사가 가르치는 역량을 높여야 학습이 잘 이루어진다는 생각은 학생을 지나치게 수동적인 존재로 보는 관점이다. 교사가 어떻게 가르치느냐에 따라 학생의 학습수준이 결정된다고 보기 때문이다.

우리는 이런 관점에서 벗어나 학생의 학습역량을 높이는 것이 무엇보다 중요하고 선결되어야 한다는 관점을 가지고 있다. 학생이 학습으로부터 도망가고 있는데, 교사의 수업역량만 개선하는 것은 문제의 본질을 건드리지 못하고 변죽만 울리는 꼴이다. 교사연수를 통해 교사의 역량을 향상시키려 하였으나 학생의 학습문제가 더 심각해지는 현실을 보면, 교육에 대한 관점의 전환이 필요한 시점임을 알 수 있다. 우리나라 학생들은 대부분 대학진학을 목표로 열심히 공부하면서 학창시절을 보내고, 대학진학 후에도 취업하기 위해 열심히 공부한다. 그러나 많은 대학생은 스스로 학습관리를 해 나가야 하는 학습환경 속에서 당혹감과 상실감을 경험한다. 대학 수업에 적합한 학습전략을 가지고 있지 않을 때 더욱 그렇다. 우리는 학업에 적응하지 못하는 대학생을 연구하며, 이러한 문제를 해결하기 위해 초등학생 및 중학생 때부터 학습전략을 익히고 활용하는 것이 중요하다는 것을 알게 되었다. 여러 해 동안 초등학교와 중학교에 학습전략 프로그램을 적용하며 그 효과를 연구하였고, 많은 연구물과 책을 발간하게 되었다. 그리고 기존의 책들을 정리하여 이 책을 재출간하였다.

특히 아직 스스로 학습하는 방법을 모르는 초등학생과 중학생들에게 이 학습전략 프로그램을 권하고 싶다. 또한 학교나 기타 교육기관도 학생들에게 단지 '열심히 공부하라'고 말하기보다는 이 프로그램을 도입하여 아이들이 진정한 꿈을 찾고 그 꿈을 달성하는 방법을 익히도록 도와주기를 권한다.

이 책은 다음과 같이 구성되어 있다. 첫 권은 시간관리에 관한 것이다. 학습의 양은 실제로 학습한 시간에 정비례한다. 학습하기 위해 사용한 시간이 많을수록 배운 것이 더 많다는 것이다. 여기서 중요한 점은 책상에 앉아 있는 시간이 아니라 집중해서 학습한 시간의 양이다. 목표의식을 잃은 아이들은 학습에 집중하지 못하고 왜 학습해야 하는지도 모른다. 따라서 학습은 시간관리부터 시작해야 한다. 이 책의 안내에 따라 교육받은 학생은 자신의 꿈을 찾는 것과 그 꿈을 이루기 위해 시간을 효과적으로 관리하는 방법을 배우게 될 것이다.

둘째 권의 집중전략 부분에서는 집중이 잘되는 환경을 만들고, 집중력을 높이는 다양한 방법이 소개되어 있다. 이 책에서는 학생들이 자신의 어떤 집중력이 부족한지 파악하고 그것을 극복하는 방법을 배우게 될 것이다.

셋째 권은 기억전략의 내용을 담고 있다. 아무리 많은 시간 동안 집중해서 공부했더라도 자고 나서 그것을 잊어버린다면 정말 안타까울 것이다. 따라서 배운 것을 잘 기억하는 방법을 익히면 그렇지 않은 학생에 비해 더욱 학업성취도를 높일 수 있을 것이다.

넷째 권의 읽기전략 부분에서는 사칙연산이라는 신선한 접근법을 통하여 읽기전략을 쉽게 가르치고 배울 수 있다. 특히 대부분의 학생들이 어려워하는 추론하면서 읽기 부분을 세분화하여 단계별로 학습할 수 있도록 구성하였다.

다섯째 권의 시험관리는 평소 공부습관과 시험에 대한 태도부터 시험 직전까지의 준비와 실제 시험상황 그리고 시험 후의 분석까지 체계적으로 알려주고 있다. 또 시험불안에 대한 정도를 알아보고 이를 극복할 수 있는 방안까지 제시하고 있어서 시험에 대한 걱정이 많은 학생들에게 도움이 될 것이다.

이 다섯 가지의 학습전략 프로그램은 학습컨설턴트나 교사가 학생들에게 쉽게 전달할 수 있도록 수업지도안 형태로 구성되었으므로, 전문가가 학생들에게 쉽게 전달할 수 있는데 조금이나마 도움이 되리라 믿어 의심치 않는다. 많은 이들이 사용해보고 피드백을 연구진에게 전해 준다면, 점차 더 좋은 책으로 발전되리라 확신한다.

OECD 국가 중 행복지수에서 우리나라가 항상 하위권에 머무르고 있다. 더구나 학생들의 행복지수는 거의 꼴등에 가까운 것이 현실이다. 따라서 이 책을 통해 많은 아이들이 학습에 있어서 진정한 행복을 느낄 수 있기를 진심으로 바라는 바이다. 끝으로 이 연구결과물이 나올 수 있게 도움을 주신 많은 분들께 감사의 말을 전한다.

저자를 대표하여 김 정 섭

목 차

학습전략 프로그램 안내

CHAPTER 00 학습전략 프로그램 안내

Information of Learning Strategy Program

1. 개요

학습전략 프로그램은 학교기반 학습컨설팅 과정(윤채영, 김정섭, 2015)에 따라 초등학교와 중학교에 적용했던 현장연구를 기반으로 수정 · 보완한 것이다. 본 프로그램은 진단에 근거하여 학생들의 특성에 맞게 맞춤형으로 적용되었고, 학교마다 학생들의 다양한 학습전략 수준과 학습문제 유형 및 특성에 따라 다르게 구성된 프로그램이 적용되었다. 예를 들어, A초등학교에서는 읽기와 시간관리를 주로 다루는 프로그램이 운영되었고, B초등학교에서는 학생들의 진단결과와 담당교사의 요청에 따라 시간관리 프로그램만 운영되었다. C초등학교에서는 집중력과 기억력을 주로 다루는 프로그램, D와 E초등학교에서는 전반적인 학습전략의 이해를 안내하는 방식의 프로그램이 운영되었다. 또한 F중학교에서는 학습부진학생들을 대상으로 방과후 수업에 처치 목적으로 운영되었고, G중학교에서는 학급단위 전체 학생들을 대상으로 창의적 체험활동 수업에 예방 목적으로 운영되기도 하였다.

본 연구팀이 학교현장에 프로그램을 적용해 본 경험으로 알게 된 것은,

첫째, 학교에서 연구팀에 의뢰하는 학생들은 대다수 학습습관이 형성되지 않아 학습부진이 발생한 학생들이었다. 이들은 전반적으로 학습전략에 대한 이해와 실천이 부족하므로 이 두 가지를 병행하는 프로그램을 제공할 필요가 있었다. 또한 몇 가지 활동으로만 흥미를 주는 기존 학습전략 프로그램으로는 이러한 학생들의 학습습관을 변화시키기가 어려웠다. 학습전략 프로그램을 방과후 수업이나 창의적 체험활동 시간을 통해 한 주에 한 번씩 운영하여 학습습관의 지속성을 높이고, 그 내용을 다른 교과 담당교사나 교과보충 담당교사에게 전달하여 교과학습에서 학습전략을 사용할 수 있는 기회를 제공할 필요가 있었다.

둘째, 학업성취 수준이 낮은 학생들은 크게 두 가지 유형으로 나누어졌다. 먼저 학습문제가 쉽게 관찰되는 유형은 행동의 문제를 가진 학생들이었다. 이 학생들은 시간관리나 주변 환경관리가 잘 안되고, 주의력 부족으로 인해 학습저해행동을 자주 했다. 반면 학습문제가 잘 드러나지 않는 유형은 인지적 문제를 가진 학생들이었다. 성실하고 과제수행에 지체가 없으며 수업저

해행동을 하지 않는 착실한 학생이지만, 글 이해나 기억력 수준이 낮은 학생들이었다. 즉, 학습행동의 변화를 필요로 하는 학생과 인지적 학습활동에 대한 처치가 요구되는 학생으로 구분되었다.

셋째, 학업성취수준이 낮은 학생은 지나치게 자신을 과대평가하거나 과소평가하는 경향을 보였다. 이로 인해 자신에 대한 인식이 정확하지 않아 자기보고식 진단검사 외에도 교사의 관찰이나 학생의 실제 수행능력을 분석하여 학습문제를 진단하는 것이 필요하였다. 또한 자기평가와 자기점검의 능력을 향상시키기 위해 초인지 전략을 훈련시킬 필요가 있었다.

넷째, 학습전략 사용수준은 학년에 따라 구별되는 것이 아니었다. 초등학생이라 하더라도 학습전략 사용수준이 최상인 학생이 있는 반면, 중학생인데도 학습전략 사용수준이 낮은 학생들이 많았다. 따라서 학생의 학습전략 사용수준을 파악하여 그에 맞는 처치를 할 수 있도록 기초수준부터 심화수준까지 수준별 프로그램을 제작할 필요가 있었다.

다섯째, 공부를 많이 하지만 학업성적이 낮은 학생들은 기초 기억전략(시연, 정교화 전략, 조직화 전략, 파지 및 회상 등)을 잘 사용하지 못했다. 이에 따라 기존 학습전략 프로그램과 같이 집중력이나 기억력을 한두 차시 다루고 넘어가는 것이 아니라, 각 주요 전략들을 집중적으로 다루어 한 영역의 전략들을 학생들이 충분히 이해하고 연습할 수 있도록 구체적인 단계로 나눌 필요가 있다는 것을 알 수 있었다.

마지막으로, 학습전략 프로그램은 집단에 따라 다양하게 구성되었다. 학습전략 프로그램의 목적과 대상 학생의 특성에 따라 학급, 소집단, 개별 단위로 운영될 필요가 있었다.

이런 인식을 토대로 개발한 학습전략 프로그램은,

구체적인 학습전략을 이해하는 활동과 연습하여 익힐 수 있는 실천 활동을 포함한다. 학습전략 프로그램은 학습전략 사용수준에 따라 여러 단계와 내용으로 나누어진 학습모듈 형태이다. 각 모듈은 20분 단위로 제작되었으며, 학생의 수준에 따라 하나 혹은 여러 개의 모듈을 조합하여 사용할 수 있다. 이에 따라 교사나 학습컨설턴트는 참여하는 대상에 맞춰 프로그램을 재구성할 수 있다.

2. 학습전략 프로그램 내용

가. 프로그램의 특징

- 학습전략 프로그램은 학습전략 사용수준이 낮은 학생부터 학습전략을 어느 정도 사용하는 학생까지 적용대상을 확대할 수 있도록 전반적인 학습전략을 다루고 있다. 프로그램은 학습전략사용의 수준의 따라 낮은 단계부터 높은 단계의 모듈로 구성되어 있어 어느 수준에 있는 학생이든 그 수준에 맞는 모듈을 취사선택할 수 있도록 되어 있다.

- 학습전략 프로그램은 학습전략의 이해 → 실천 → 점검의 과정으로 구성되어 있다. 학생은 학습전략을 사용하는 이유를 먼저 이해하고, 그 이해를 바탕으로 학습전략을 충분히 연습한 후, 학습전략 수준을 스스로 평가하는 과정을 거친다.

- 학습전략 프로그램은 학습전략 사용수준이 낮은 학생도 기초 전략부터 순차적으로 익힐 수 있도록 구성되어 있다.

- 학습전략 프로그램은 교사나 학습컨설턴트가 프로그램을 구성할 때 목적과 대상에 맞게 예방적 접근과 처치적 접근, 집단과 1:1 개별 적용이 모두 가능하다.

나. 프로그램 내용 모형

본 프로그램은 집중력관리, 학습동기관리, 기억력관리, 시간관리 및 목표설정의 기본 학습전략과 수업관리, 시험관리, 과제관리의 학습상황에서 사용되는 보조 학습전략으로 구성되어 있다.

본 프로그램에서는 학생의 학습습관을 형성하고 동기를 부여하는 목표설정과 시간관리, 과제관리를 하나로 묶어 1) 시간관리 프로그램을 개발하였고, 학업성취가 저조한 주요 원인을 해결하는 동시에 학습의 근간이 되는 2) 집중전략 프로그램과 3) 기억전략 프로그램, 그리고 학습자료 파악에 핵심능력이 되는 4) 읽기전략 프로그램을 포함하였다. 마지막으로 학습에 투여된 노력이 성과로 나타나기 위해서는 시험을 준비하는 방법에 대한 이해와 연습이 필요하다는 연구자들의 현장경험을 반영해 5) 시험관리 프로그램을 포함시켰다. 수업관리는 집중전략과 기억전략의 4단계에 포함하였다. 이에 본 학습전략 프로그램은 5개 영역(① 시간관리, ② 집중전략, ③ 기억전략, ④ 읽기전략, ⑤ 시험관리) 으로 구성되었다.

촉진기술인 관찰, 칭찬, 성찰은 교사나 학습컨설턴트가 프로그램을 진행하거나 전문성을 함양하는데 요구되는 기술이다. 먼저, 관찰은 교사나 학습컨설턴트가 학생들이 학습상황에서 보이는 특성이나 문제를 파악하고, 학생의 변화를 면밀히 살핀 후 적절한 처치를 하는데 필요하다. 그리고 학생들의 약점보다는 강점을 칭찬하여 강점을 중심으로 성장해 나갈 수 있도록 하는 것을 지도 목표로 삼아야 할 것이다. 마지막으로 성찰은 프로그램 운영 후 수업방법, 학생과의 상호작용 등을 성찰하여 다음 프로그램을 개선시켜 나가야 한다.

본 프로그램을 운영하는 교사나 학습컨설턴트는 목표설정, 시간관리, 집중전략, 기억전략, 읽기전략과 같은 기본적 학습전략을 익혀 수업이나 시험, 과제 수행 등 특정상황에 적절한 학습진략을 사용할 수 있도록 학생을 지도해야 한다. 그리고 그 지도 과정에 관찰, 칭찬, 성찰의 촉진기술을 사용하여 학생들과 긍정적으로 상호작용하며 프로그램 운영과정을 적절히 변화시켜 나갈 수 있는 전문성을 겸비해야 한다.

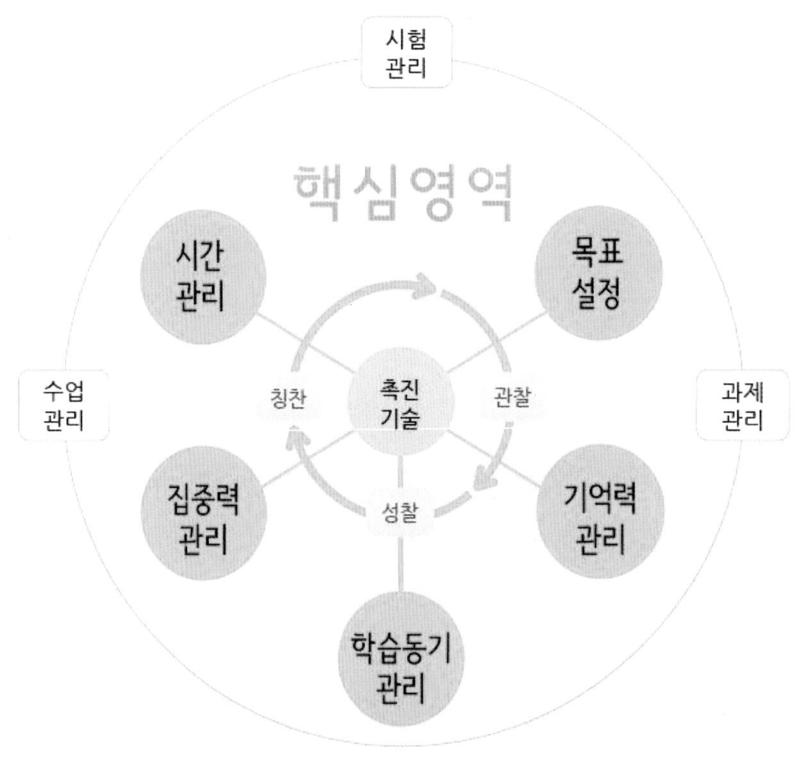

[그림 1] 자기주도적 학습역량강화

다. 프로그램 모듈 구성 모형

단계 / 과정		전략 수준의 단계			
		1단계	2단계	3단계	4단계
전략습득과정	이해				
	실천				
	점검				

학습전략 사용에 결손을 가진 학생이 학습전략을 효과적으로 익히는 과정은 이해 → 실천 → 점검이다. 학습전략 습득과정은 학습전략에 대해 이해하고, 실제 연습해 보면서 전략을 제대로 사용한 것인지 점검을 통해 자신에게 맞는 학습전략을 익히는 것이다.

학습전략 프로그램은 학습전략 수준이나 과정에 따라 단계별로 되어 있다. 집중전략, 기억전략, 읽기전략 영역은 1~4·5단계로 나눠 있다. 하위 수준인 1단계에서 점차 수준이 높아지도록 되어 있고, 마지막 단계에서는 학습상황에 맞게 앞서 배운 전략을 종합하여 적용해 보도록 되어 있다. 시간관리와 시험관리는 단계를 수준이 아니라, 절차적 과정으로 나눠 1단계에서 4단계까지 진행되면서 일련의 시간관리나 시험관리 과정과 전략을 익히도록 되어 있다.

라. 프로그램의 영역별 모듈 구성

1) 시간관리

영역	단계 / 주제에 따른 모듈	1단계	2단계	3단계	4단계
시간관리	주제	꿈 찾기 〈진로〉	꿈을 위한 준비하기 〈시간계획〉	꿈으로 가는 시간 만들기 〈시간의 중요성 인식〉	꿈을 향해 나아가기 〈시간계획의 실천〉
	모듈 1	[이해] 나는 미래에 어떤 모습일까?	[이해] 꿈을 이루려면 무엇을 해야 할까?	[이해] 시간관리는 왜 중요할까?	[이해] 시간 낚시하기
	모듈 2	[이해] 꿈 주령구 만들기	[이해] 꿈을 이루기 위한 일주일 계획 세우기	[이해] 꿈을 이룬 위인들의 시간관리 엿보기	[이해] 시간 매트릭스
	모듈 3	[이해] 다양한 직업 알기	[이해] 꿈으로 가는 하루 3시간+ 계획표 작성하기	[이해] 시간개념 알아보기	[실천 및 점검] 시간 사용 점검하기
	모듈 4	[이해] 꿈 나무 만들기 (모둠활동)		[이해] 나의 하루 살펴보기	[실천 및 점검] 미루기 극복하기
	모듈 5	[이해] 꿈 지도 만들기 (개별활동)			

2) 집중력

<table>
<tr><th rowspan="2">영역</th><th rowspan="2">단계
주제에 따른 모듈</th><th colspan="4">단계</th></tr>
<tr><th>1단계</th><th>2단계</th><th>3단계</th><th>4단계</th></tr>
<tr><td rowspan="6">집중력</td><td>주제</td><td>집중이 잘되는 환경 만들기 〈환경관리〉</td><td>청각적 주의집중력 〈기초수준의 집중력 훈련〉</td><td>시각적 주의집중력 〈기초수준의 집중력 훈련〉</td><td>학습 주의집중력 〈심화수준의 집중력 훈련〉</td></tr>
<tr><td>모듈 1</td><td>[이해]
집중력이란 무엇일까?</td><td>[이해]
청각적 주의집중력이란 무엇일까?</td><td>[이해]
시각적 주의집중력이란 무엇일까?</td><td>[이해]
수업에서 주의집중력 관리하기</td></tr>
<tr><td>모듈 2</td><td>[이해]
나의 공부환경 알아보기</td><td rowspan="3">[연습활동]
- 2.2. 동요 듣고 가사 따라 그리기
- 2.3. 오른손, 왼손 게임, 숫자 더하기 게임하기
- 2.4. 듣고 기억하기
- 2.5. 모눈종이 그리기
- 2.6. 귓속말 전달하기
- 2.7. 이야기 듣고 답하기</td><td rowspan="3">[연습활동]
- 3.2. 서로 다른 부분 찾기
- 3.3. 숨은 글자 찾기
- 3.4. 숨은 그림 찾기
- 3.5. 거울 그림 그리기
- 3.6. 패턴 인식하기 · 패턴 기억하기
- 3.7. 이야기 읽고 답하기</td><td>[연습활동]
집중해서 읽은 내용 정리하기</td></tr>
<tr><td>모듈 3</td><td>[이해]
집중이 잘 되는 환경 만들기</td><td>[연습활동]
집중해서 보고 들은 내용 정리하기</td></tr>
<tr><td>모듈 4</td><td>[이해]
집중이 잘 되는 마음가짐</td><td>[실천 및 점검]
학습 주의집중력 점검하기</td></tr>
<tr><td>모듈 5</td><td>[실천 및 점검]
집중 환경 점검하기</td><td>[실천 및 점검]
2.8. 청각적 주의집중력 점검하기</td><td>[실천 및 점검]
3.8. 시각적 주의집중력 점검하기</td><td></td></tr>
</table>

3) 기억력

영역	단계 / 주제에 따른 모듈	단계			
		1단계	2단계	3단계	4단계
시간 관리	주제	기억의 과정과 작업기억전략	기초 장기기억전략	심화 장기기억전략	수업장면에서 기억력 관리
	모듈 1	[이해] 기억력이란 무엇일까?	[이해] 끼리끼리 모아서 외우기	[이해] 이야기 만들어 외우기	[실천 및 점검] 수업장면에서 기억력 관리
	모듈 2	[연습활동] 작업기억력 높이기	[이해] 첫 글자만 모아서 외우기	[이해] 표 만들어 외우기	
	모듈 3	[연습활동] 보고보고 또 보면서 외우기	[이해] 머릿속에 그려서 외우기	[이해] 서로서로 연결해서 외우기	
	모듈 4	[연습활동] 싹둑싹둑 잘라서 외우기			

4) 읽기전략

영역	단계 / 주제에 따른 모듈	단계				
		1단계	2단계	3단계	4단계	5단계
시간관리	주제	**글의 의미대로 나누기** 〈읽기의 사칙연산; 나눗셈(÷)〉	**글의 의미에 맞게 연결하기** 〈읽기의 사칙연산; 덧셈(+)〉	**글의 핵심의미만 오려내기** 〈읽기의 사칙연산; 뺄셈(−)〉	**글의 행간의미 배가하기** 〈읽기의 사칙연산; 곱셈(×)〉	**글 읽기의 실제** 〈읽기 전·중·후 전략 익히기〉
	모듈 1	[이해] 글이란 무엇이고, 어떻게 구성되어 있을까?	[이해] 글은 어떻게 연결되어 있을까?	[이해] 글에서 중요한 내용은 무엇일까?	[이해] 숨은 의미를 어떻게 찾을까?	[이해] 글을 읽기 전, 무엇을 해야 할까?
	모듈 2	[연습활동 1수준] 문장을 의미중심으로 나누기	[연습활동] 문장 연결하기	[연습활동 1수준] 제목, 중심내용, 세부내용 구분하기	[연습활동 1수준] 숨은 의미 찾기	[연습] 글 이해 전략 익히기
	모듈 3	[연습활동 2수준] 문단을 의미중심으로 나누기	[연습활동] 문장 이어주는 말 찾기	[연습활동 2수준] 제목, 중심내용, 세부내용 연결하기	[연습활동 2수준] 숨은 의미 상상하기	[실천 및 점검] 글 이해 전략 실천하기
	모듈 4	[실천 및 점검] 읽기의 나눗셈 실천하기		[연습활동 3수준] 제목, 중심내용, 세부내용 구분하고 요약하기		

5) 시험관리

영역	단계 / 주제에 따른 모듈	1단계	2단계	3단계	4단계
집중력	주제	시험준비 방법 알기	시험준비 시작하기 〈행동 조절〉	시험불안 극복하기 〈정서조절〉	시험치기 전략 알기 〈인지조절〉
	모듈 1	[이해] 시험관리란 무엇일까?	[이해] 목표점수는 어떻게 정할까?	[이해] 시험불안이란 무엇일까?	[이해] 시험치기 전략이란 무엇일까?
	모듈 2	[이해] 공부습관 알아보기	[이해] 시험범위 확인과 시험공부 방법 정하기	[이해] 시험불안 수준 알아보기	[실천] 시험치기 전략 활용하기
	모듈 3	[이해] 시험준비 방법 알아보기	[이해] 공부시간 계산하기	[이해] 시험불안 극복 방법 1	[점검] 시험결과 분석하기
	모듈 4		[이해] 시험계획 세우기	[이해] 시험불안 극복 방법 2	[점검] 오답노트 작성하기
	모듈 5				[점검] 시험 후 다짐하기

마. 프로그램 활용자료

1) 수록된 수업 자료

본 프로그램은 교사나 학습컨설턴트가 바로 활용할 수 있는 수업자료가 함께 제공된다. 제공되는 자료는 수업지도안 및 교사용 활동지, 수업용 파워포인트 자료가 첨부되어 있다. 단, 답안이 표시되지 않은 학생용 활동지는 학생들이 학생용 워크북을 구입하여 사용하도록 하고 있다.

◦ 수업 지도안 및 교사용 활동지
◦ 수업용 파워포인트(PPT) 자료

2) 기타 준비물(권장사항)

기타 준비물로 모둠활동에 필요한 준비 자료가 수업용 지도안에 상세히 표기되어 있다. 수업 전에 지도안을 꼼꼼히 확인하여 명시된 모둠 준비물(예: 도화지, 색연필, 종, 주사위 등)을 미리 준비해 두는 것이 좋다. 학생들의 동기부여를 위해 외적 보상인 스티커나 사탕, 혹은 가벼운 상품 등을 준비할 수 있다.

◦ 모둠활동 준비물
◦ 간단한 강화물

3. 학습전략 프로그램 활용방법

학습전략 프로그램에는 학습전략의 5개 영역(시간관리, 집중력, 기억력, 읽기, 시험관리)이 학습전략의 습득과정과 단계에 따른 모듈로 제시되어 있다. 단계별 모듈구성의 장점은 교사나 학습컨설턴트가 관찰이나 심리검사 결과로 알게 된 학생의 문제를 해결하기 위한 프로그램을 할애된 시간에 맞게 구성해서 사용할 수 있는 것이다. 예를 들어 수업시간에 끊임없이 수업저해 행동을 하고 교사의 지시사항을 잘 숙지하지 못하며, 가정에서 과제도 해오지 않는 학생이 있다면 집중전략과 시간관리 프로그램을 학습전략사용 수준에 맞게 구성해서 사용할 수 있다. 프로그램 운영 시간이 충분하지 않은 상황이라면, 집중전략과 시간관리 모듈 중 학생에게 꼭 필요한 모듈만 선별해 자습시간이나 방과후 보충학습시간에 10－20분간 지도해 볼 수도 있다. 또는 학생이 수업 시간에 태도가 좋으며 계획한 대로 학습을 하고 과제도 성실히 잘하지만 학습부진을 겪고 있다면, 읽기전략이나 기억전략 프로그램을 적용해 학습의 인지적 측면을 충분히 사용하도록 지도한다. 이로써 내재적인 학습이 일어나고 그것이 학업성취로 이어지는 재미를 맛보는 경험을 해보도록 한다.

지금까지 본 연구팀의 프로그램 운영 경험에 따르면,

초등학생은 학습전략을 구체적으로 배운 경험이 많지 않고 아직 학습량이 많지 않으며 어려운 과제에 대한 부담이 크지 않아 시간적 여유가 있기 때문에, 여러 영역의 학습전략을 쭉 훑듯 한꺼번에 가르치는 것보다 한 학기에 한 영역씩 순차적으로 배워나가는 것이 더 효과적이다(예, 4학년 1학기; 시간관리 → 4학년 2학기; 집중력전략 → 5학년 1학기: 기억력전략 → 5학년 2학기: 읽기전략 → 6학년 1학기: 시험관리). 학습전략을 배우기 시작하는 좋은 시점에 대해 교사나 학습컨설턴트에 따라 생각이 다르겠지만, 본 연구팀은 가능한 초등학교 4학년 이후에 일찍 접하는 것이 좋다는 생각이다. 본 학습전략 프로그램은 초등 4학년부터 배울 수 있는 수준으로 되어 있다. 다만 초등 4학년 학생들에게는 집중력전략과 기억력전략, 시간관리와 같은 학습전략의 기본이자 핵심인 전략을 먼저 지도하도록 추천한다.

프로그램의 운영 목적에 따라 예방적 차원의 접근이라면 앞서 제시한 초등학생의 예시처럼 영역 순서대로 순차적으로 운영하는 것이 바람직할 것으로 생각된다. 하지만 처방적 차원의 접근으로 학생의 특성과 문제점을 정확히 파악하고 있다면 프로그램 모듈을 교사가 선별하여 학생의 학습문제 해결을 위한 단기적 처치를 제공하는 것이 최선일 것이다.

가. 학습전략 프로그램의 학습모듈

학습모듈이란 학습교재 또는 학습교재 개발을 위한 기초자료이다(최동선 외, 2014). 학습모듈은 잘 정의된 프로그램의 전체 구성의 일부분으로, 모듈은 여러 프로그램 구성자에 의해 나눠질 수 있으며 모듈이 서로 모여 하나의 완전한 프로그램이 만들어질 수 있다. 즉, 자율적이고 독립적인 학습단위로써 학습모듈을 생각할 수 있다(Finch & Crunkilton, 1999). 모듈이 어떻게 체계적이고 논리적인 흐름으로 구성되느냐는 그 체계와 논리를 구성하는 사람에 따라 달라질 수 있다.

본 학습전략 프로그램은 시간관리 16개, 집중력전략 25개, 기억력전략 11개, 읽기전략 17개, 시험관리 16개 총 85개 학습모듈로 구성되어 있다. 학습전략 프로그램의 학습모듈은 어떤 프로그램 구성자가 어떤 목적으로 어떤 대상을 위해 모듈을 어떻게 구성하느냐에 따라 모두 다른 학습프로그램으로 완성될 수 있는 구조이다. 이런 학습모듈단위로 학습전략 프로그램이 구성됨으로써 맞춤형 학습전략 프로그램의 구성이 가능하다.

구분	시간관리			
	1단계	2단계	3단계	4단계
이해	모듈 1-1	모듈 2-1	모듈 3-1	모듈 4-1
이해	모듈 1-2	모듈 2-2	모듈 3-2	모듈 4-2
이해, 실천	모듈 1-3	모듈 2-3	모듈 3-3	모듈 4-3
실천	모듈 1-4		모듈 3-4	모듈 4-4
실천, 점검	모듈 1-5			

구분	집중력			
	1단계	2단계	3단계	4단계
이해	모듈 1-1	모듈 2-1	모듈 3-1	모듈 4-1
이해, 실천	모듈 1-2	모듈 2-2	모듈 3-2	모듈 4-2
실천	모듈 1-3	모듈 2-3	모듈 3-3	모듈 4-3
실천	모듈 1-4	모듈 2-4	모듈 3-4	모듈 4-4
실천, 점검	모듈 1-5	모듈 2-5	모듈 3-5	

맞춤형 학습전략프로그램

시간관리 모듈 1-1	시간관리 모듈 1-2, 3
시간관리 모듈 2-1	시간관리 모듈 3-1

집중력 모듈 1-2	집중력 모듈 2-1, 2
집중력 모듈 3-1, 2, 3	집중력 모듈 4-1

기억력 모듈 1-1, 2	기억력 모듈 2-1, 2, 3
기억력 모듈 3-1	기억력 모듈 4-1

구분	기억력			
	1단계	2단계	3단계	4단계
이해	모듈 1-1	모듈 2-1	모듈 3-1	모듈 4-1
이해, 실천	모듈 1-2	모듈 2-2	모듈 3-2	
실천	모듈 1-3	모듈 2-3	모듈 3-3	
실천	모듈 1-4			

[그림 2] 학습모듈단위 맞춤형 학습전략프로그램 구성 방법

나. 맞춤형 학습전략 프로그램 설계 및 운영방법

1) 진단
- 심리검사 실시
- 학생 관찰 및 면담 실시
- 학생의 기존 학습수행내용 분석
- 진단결과 분석
- 문제정의

▶

2) 프로그램 설계
- 문제해결방향과 목표설정
- 문제해결을 위한 학습전략 주제 선정
- 문제해결 수준에 맞는 학습모듈 선정
- 처치프로그램 설계

▲ ▼

3) 프로그램 운영
- 처치프로그램 운영
- 학생 반응 관찰 및 면담
- 프로그램의 문제해결 적절성 여부 점검 (학생의 변화 관찰 및 운영 성찰)

◀

4) 종결
- 문제해결 및 개선정도 평가
- 프로그램의 목표 부합성 평가
- 학생만족도 평가

1) 진단

진단은 표준화된 자기보고식 학습전략검사를 주로 사용한다. 자기 능력에 대한 인식 수준이 높은 학생일 경우에는 자기보고식 검사의 실시만으로도 신뢰 높은 검사결과를 얻을 수 있다. 하지만 자신의 문제를 정확히 인식하지 못하는 학생을 진단할 때는 학생 관찰 및 면담, 또는 기존 학습수행내용을 함께 검토하거나 수행과제를 제시하여 실제 능력을 확인하는 방법을 병행해야 할 것이다. 진단 후 결과를 분석하여 학습전략에 있어 최우선적인 문제를 정의내린다.

[진단 예시] **개별 학생 사례**

- 대 상: 중2 학습부진 학생
- 검사지: 학습전략사용능력 진단검사

① 수검된 문항 내용

방과 후 비계획적인 시간 사용 (시간관리)

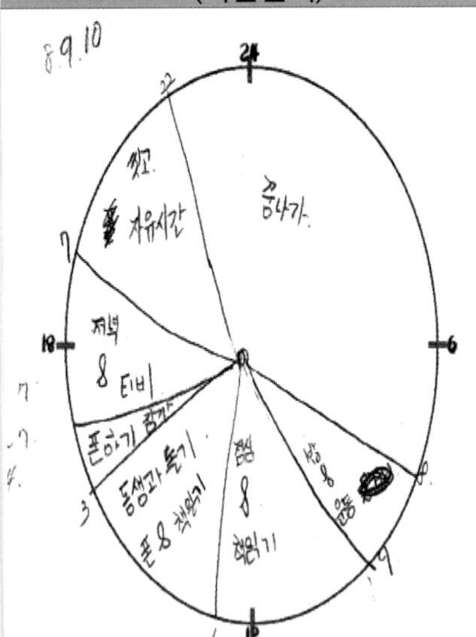

글의 문단 구분 안 됨 (읽기)

2. 글을 3문단으로 나누어 보세요.

태양계 초기에 지구와 같은 행성의 일부가 되지 못한 소행성의 파편들이 떠돌아다니게 되는데 이를 유성체라고 한다. 지구가 태양 주위를 공전하고 있을 때 지구로 끌려 들어온 유성체는 지구대기와의 마찰로 가열되어 빛나는 유성이 된다. 대부분의 유성체는 상공에서 모두 타서 사라지나 큰 유성체는 그 잔해가 지표면까지 도달하는데, 이것이 운석이다. 운석은 구성 성분에 따라 석질운석, 철질운석, 석철질운석으로 나눌 수 있다. 석질운석은 주로 규산염 광물로 이루어진 운석이고, 철질운석은 철과 니켈의 합금으로 이루어진 운석이며, 석철질운석은 규산염 성분과 철질 성분이 섞여있는 운석이다. 운석은 대기권을 진입하면서 고온에 노출되어 검은 빛의 외관을 가지며, 종류에 따라 독특한 내부구조가 나타나기도 한다. 운석 중에서 가장 많은 부분을 차지하고 있는 석질운석은 콘드라이트와 어콘드라이트의 종류로 구분되는데 이 중 콘드라이트에서는 우주공간에서 녹았던 암석이 둥근 구슬 모양으로 식은 콘드룰 구조가 나타난다. 철질운석에서는 빗살모양의 비드만스태튼 무늬 구조가 나타나며, 석철질 운석에서는 석질과 철질이 섞여 아름다운 팔라사이트 구조가 나타난다.

청킹 전혀 안됨 (기억력)

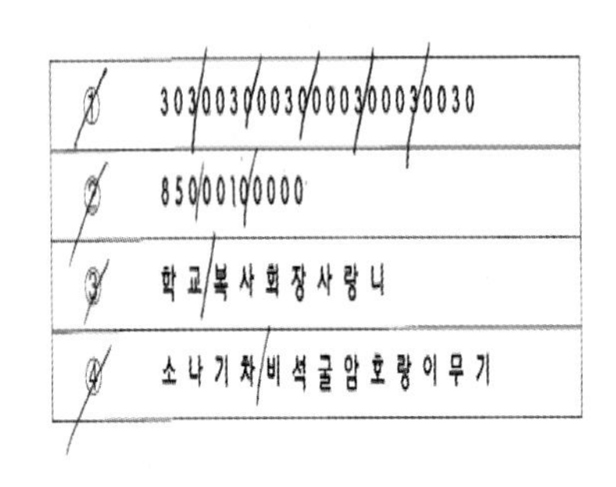

2. 다음의 내용을 외우기 쉽게 끊어 보세요.

예) 0518651225 → 051/865/1225

① 30300300030000300030030
② 8500010000
③ 학교복사회장사랑니
④ 소나기차비석굴암호랑이무기

주말에 학습활동이 이루어지지 않고 있음 (시간관리)

3. 지난 주말동안 나는 무엇을 했는지 써보세요.

공부	시간	Want	공부 외 활동	시간	Want
~~복습~~	~~X~~	~~X~~	운동	1	○
			편하고 티비보기	4	○
			책읽기	3	○

※ Want: 스스로 원해서 한 일이면 ○ 표시 하기

시각 집중력 수준 낮음 (주의집중력)

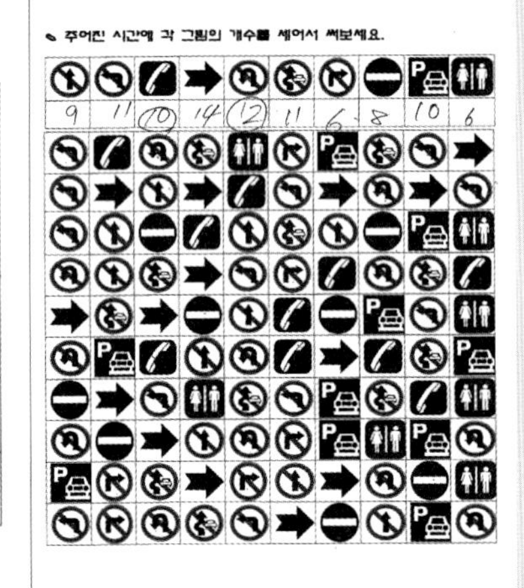

글의 문단 구분 안 됨 (읽기)

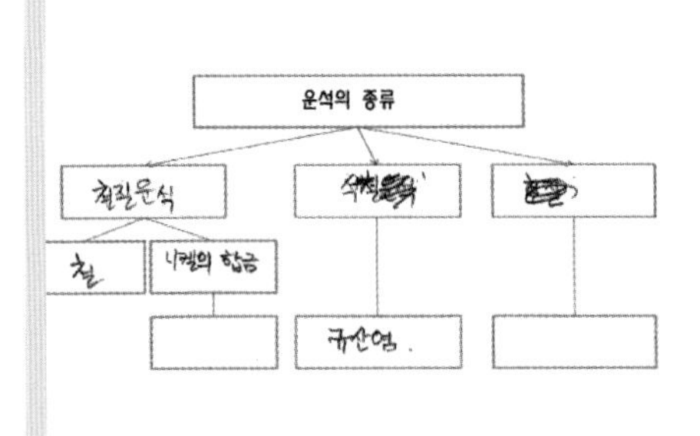

단기 기억은 좋으나 분류 안 함 (기억력)

1-2. 앞 페이지에서 외운 단어를 생각나는 대로 써보세요.

토끼	[illegible]	~~수박~~	기차
수박	도로	바나나	축구
야구	호랑이	농구	복숭아
사슴	파랑	주황	사과
자전거	코끼리	배	[illegible]
노랑			

② 진단결과

<table>
<tr><td rowspan="2">목표 및 시간관리 (하)</td><td colspan="2">목표유무</td><td colspan="2">개념인식</td><td colspan="2">구체성</td><td colspan="2">효과성</td><td colspan="2" rowspan="2"></td></tr>
<tr><td colspan="2">있음</td><td colspan="2">있음</td><td colspan="2">있음</td><td colspan="2">없음</td></tr>
<tr><td rowspan="2">주의집중력 (하)</td><td colspan="4">시각집중력</td><td colspan="4">청각집중력</td><td colspan="2">듣고 핵심 이해</td></tr>
<tr><td colspan="4">하</td><td colspan="4">하</td><td colspan="2">하</td></tr>
<tr><td rowspan="2">기억력 (중)</td><td>기억 용량</td><td colspan="2">분류</td><td>유추 표상</td><td>상징표상</td><td colspan="2">청킹</td><td>장기기억 전략사용</td><td>작업 기억</td><td>처리속도</td></tr>
<tr><td>상</td><td colspan="2">사용 안함</td><td colspan="2">사용수준 비슷</td><td colspan="2">하</td><td>사용하지 않음</td><td>상</td><td>상</td></tr>
<tr><td rowspan="2">읽기능력 (하)</td><td colspan="3">읽기 장애</td><td colspan="2">전체 내용 이해와 정리</td><td colspan="3">문맥 이해력</td><td colspan="2" rowspan="2"></td></tr>
<tr><td colspan="3">없음</td><td colspan="2">주제파악 안됨</td><td colspan="3">하</td></tr>
</table>

③ 문제정의

진단결과에 따르면, 전반적인 학습전략 사용수준이 낮은 편이다. 처치전략 투입 기간이 2개월인 점을 고려하여 가장 시급한 전략부터 개입하는 것으로 학교 측과 논의하였다. 가장 먼저 처치할 000학생의 학습전략 주제는 집중력과 기억력이었다. 구체적인 문제는 다음과 같다.

첫째, 청각적 집중력이 낮은 수준이다. 공부를 시작할 때, 주의를 기울여 정보를 파악하고 머리에 그 내용을 입력하는데 시간이 걸리는 편이다. 이야기를 한번 들은 후, 한 번 더 이야기를 들려줄 때 선택적 주의를 기울여 필요한 정보를 습득하는 전략이 부족하다. 수업시간에 집중해서 듣는 편이라고 스스로 생각하고 있지만, 정보파악과 저장은 많이 하지 못하고 있다. 따라서 정보파악 수준을 높이려면 집중이 필요하다는 것을 인식시켜 줄 필요가 있다. 또한, 처음에 정보가 들어올 때 전체적인 맥락을 파악하고 요구되는 정보에 주의를 기울이는 전략을 가르칠 필요가 있다고 판단된다.

둘째, 시각적 집중력이 전반적으로 낮은 수준이고 읽기능력이 부족하다. 읽은 것을 정확히 파악하고 분류하여 조직화하는 능력 수준을 높일 필요가 있다.

셋째, 단기기억력은 좋은 편이나 효율적인 기억전략을 사용하지 못하고 있어 장기기억으로 저장이 잘 되지 않고 있다.

[진단 예시] 집단 사례

◦ 대 상: 초등 6학년 학생 18명
◦ 검사지: 주의집중능력 검사

① 진단결과

영역 / 대상	전체	시각주의력	청각주의력	학습집중력	지속적집중력	정보처리속도
김00	16(매우부족)	2(다소부족)	3(다소부족)	5(다소부족)	6(다소부족)	78(또래평균)
김00	21(다소부족)	10(매우우수)	5(또래평균)	5(다소부족)	1(매우부족)	50(매우느림)
이00	22(다소부족)	7(다소우수)	6(또래평균)	5(다소부족)	4(매우부족)	62(다소느림)
진00	23(다소부족)	5(또래평균)	4(다소부족)	8(또래평균)	6(다소부족)	77(또래평균)
김00	26(또래평균)	8(다소우수)	4(다소부족)	5(다소부족)	9(또래평균)	
박00	20(다소부족)	2(다소부족)	4(다소부족)	6(다소부족)	8(또래평균)	51(매우느림)
이00	28(또래평균)	8(다소우수)	9(매우우수)	4(다소부족)	7(다소부족)	45(매우느림)
김00	19(다소부족)	6(또래평균)	8(다소우수)	1(매우부족)	4(매우부족)	64(다소느림)
서00	20(다소부족)	6(또래평균)	4(다소부족)	4(다소부족)	6(다소부족)	50(매우느림)
최00	24(다소부족)	9(매우우수)	5(또래평균)	4(다소부족)	6(다소부족)	61(다소느림)
김00	16(매우부족)	1(매우부족)	6(또래평균)	6(다소부족)	3(매우부족)	45(매우느림)
천00	16(매우부족)	4(다소부족)	3(다소부족)	2(매우부족)	7(다소부족)	69(다소느림)
임00	16(매우부족)	5(또래평균)	3(다소부족)	3(매우부족)	5(다소부족)	56(다소느림)
황00	20(다소부족)	6(또래평균)	2(매우부족)	1(매우부족)	11(다소우수)	96(다소우수)
박00	20(다소부족)	4(다소부족)	1(매우부족)	7(또래평균)	8(또래평균)	78(또래평균)
이00	22(다소부족)	3(다소부족)	3(다소부족)	5(다소부족)	11(다소우수)	61(다소느림)
허00	18(다소부족)	5(또래평균)	4(다소부족)	3(매우부족)	6(다소부족)	49(매우느림)
전00	19(다소부족)	4(다소부족)	5(또래평균)	2(매우부족)	8(또래평균)	65(다소느림)

② 문제정의

진단결과, 집중력 수준이 다소 낮은 편이다. 특히 청각적 주의력과 학습 집중력이 낮으며, 정보처리속도가 느린 편이라 정보양이 많을 때 학습 집중력과 집중력 유형이 함께 떨어지는 편이다. 따라서 이 학생들의 경우, 기초수준의 집중력이 요구되며, 정보처리속도가 느린 것을 보완하기 위해 작업기억전략 훈련이 함께 처치될 필요가 있다.

2) 프로그램 설계

문제를 해결하기 위한 방향과 목표를 정하고, 문제해결을 위한 효과적인 학습전략 주제를 정해 대상의 수준에 맞는 학습모듈을 선정하여 처치프로그램을 설계한다.

프로그램 설계를 위해서는 주어진 상황과 학생의 해결문제를 알아야 한다. 다음 질문에 답을 해보면서 상황과 문제를 파악할 수 있다.

- □ 문제를 해결하기 위해 처치해야 할 주요 주제영역은 무엇인가?
- □ 문제해결 방향은 무엇인가?
- □ 의뢰대상의 규모(개별, 집단)는 어떠한가?
- □ 얼마동안 프로그램을 운영할 수 있는가?
- □ 어떤 시간에 프로그램을 운영하는가?
- □ 어느 장소에서 프로그램을 운영하는가?

[프로그램 설계 예시]

- ◦ 문제영역: 기초수준의 집중력 훈련과 시험관리 중 시험준비과정 연습
- ◦ 문제해결방향: 기초수준의 청각과 시각적 주의력 훈련으로 시작하여, 작업기억 향상을 위한 시연, 청킹전략을 배우고 충분히 연습하도록 한다(진단결과를 통한 방향도출). 초등학교 6학년이지만 시험준비를 체계적으로 해본 경험이 없으므로 중학교 진학을 앞두고 시험관리방법을 배워 학업성취가 향상되는 경험을 해 볼 수 있도록 한다(담당교사의 요구).
- ◦ 의뢰대상: 초등학교 6학년 학습부진 18명 학생
- ◦ 프로그램 운영기간: 8주간 16차시
- ◦ 운영시간: 수요일 방과후 수업
- ◦ 장소: 과학실

◦ 처치프로그램 설계 내용

회기	차시	학습전략 영역	주제	학습모듈		
1	1 (40분)	집중력	청각적 주의집중력	모듈 2.1 [기초수준] 청각적 주의집중력 이해 (20분)	⇨	모듈 2.2 [기초수준] 동요 듣고 가사 따라 그리기 (20분)
	2 (40분)	기억력	기억의 과정과 작업기억전략	모듈 1.2 [기초수준] 작업기억력 높이기 (20분)	⇨	모듈 1.3 [기초수준] 보고보고 또 보면서 외우기 (20분)
2	3 (40분)	복습	기초 집중력과 기억력 복습	청각주의력 모듈 2.1 & 2.2 복습 유사한 학습활동 연습 (20분)	⇨	기억력 모듈 1.2 & 1.3 복습 유사한 학습활동 연습 (20분)
	4 (40분)	집중력	청각적 주의집중력	모듈 2.4 [기초수준] 듣고 기억하기 (20분)	⇨	모듈 2.5 [기초수준] 모눈종이 그리기 (20분)
3	1 (40분)	기억력	기초 장기기억전략	모듈 2.1 [기초수준] 끼리끼리 모아서 외우기 (20분)	⇨	모듈 2.3[기초수준] 머릿속에 그려서 외우기 (20분)
	1 (40분)	집중력	시각적 주의집중력	모듈 3.3 & 3.4 [기초수준] 숨은 글자와 그림 찾기 (내용 추려 20분간)	⇨	모듈 3.6 & 3.7 [기초수준] 패턴인식하기, 이야기보고 답하기 (내용 추려 20분간)
4	1 (40분)	기억력	기초 → 심화 장기기억전략	모듈 2.2 [기초수준] 첫 글자만 모아서 외우기 (20분)	⇨	모듈 3.1 [심화수준] 이야기 만들어서 외우기 (20분)
	1 (40분)		심화 장기기억전략	모듈 3.2 [심화수준] 표 들어서 외우기 (20분)	⇨	모듈 3.3 [심화수준] 서로서로 연결해서 외우기 (20분)
5	1 (40분)	기억력	수업장면에서 기억력 관리(수업관리)	모듈 3.2 [심화수준] 수업장면에서 기억력 관리(20분)	⇨	유사한 학습활동 연습 (20분)
	1 (40분)	집중력	수업장면에서 집중력 관리(수업관리)	모듈 4.1 [심화수준] 집중해서 읽은 내용 정리하기 (20분)	⇨	모듈 4.2[심화수준] 집중해서 보고 들은 내용 정리하기 (20분)
6	1 (40분)	시험관리	시험준비방법 알기	모듈 1.1 시험관리란 무엇일까? (20분)	⇨	모듈 1.3 시험준비방법 알아보기 (20분) - 과제제시 모듈 1.2 공부습관 알아보기
	1 (40분)	시험관리	시험준비 시작하기	모듈 2.1 & 2.2 목표점수는 어떻게 정할까? 시험범위와 학습자료	⇨	모듈 2.3-5 공부시간 계산하기 시험계획세우는 방법 이해

회기	차시	학습전략 영역	주제	학습모듈		
				확인하기 (내용 추려 20분간)		- 과제제시 시험계획 세우기
7	1 (40분)	시험관리	시험불안 극복하기	모듈 3.2 시험불안 수준 알아보기 (20분)	⇨	모듈 3.3 시험불안 극복방법 1 (20분)
	1 (40분)		시험치기 전략 알기	모듈 4.2 시험치기 전략 활용하기 (20분)	⇨	시험치기 전략 연습(모의시험) (20분)
8	1 (40분)	시험관리	시험치기 전략 알기	모듈 4.3 시험결과 분석하기 (20분)	⇨	모듈 4.5 시험 후 다짐하기 (20분)
	1 (40분)	마무리	점검	점검표 작성	⇨	그동안 프로그램 참여 소감 나누기

3) 프로그램 운영

학생에게 프로그램 진행 취지를 설명하고 프로그램의 운영목적을 이해시킨다. 프로그램을 운영하면서 학생들의 반응을 파악한다. 지속적으로 학생들의 반응과 변화를 관찰하고 면담을 나눈다. 프로그램을 운영하면서 학생에게 목표하는 긍정적 변화가 보이지 않을 때는 설계된 프로그램이 적절한지 검토하고 프로그램 내용이나 수업전략 등을 수정하면서 운영해 나간다.

4) 종결

프로그램이 얼마나 효과적이었는지 검사도구나 만족도 체크리스트, 면담 등의 방법으로 조사하고 분석한다. 문제가 해결되었는지, 프로그램이 목표에 부합했는지 검토한다. 이후 프로그램 효과 평가 결과를 목적과 상황에 맞게 작성하여 학교관계자에게 보고하고 그 내용을 논의한 후 종결한다.

시험준비 방법 알기

모듈 1.1 시험관리란 무엇일까?

모듈 1.2 공부습관 알아보기

모듈 1.3 시험준비 방법 알아보기

CHAPTER 01 시험준비 방법 알기

◉ 시험을 생각하면 누구나 긴장되고, 잘할 수 있을까 하는 걱정부터 앞서게 된다. 하지만 시험을 잘 준비한다면 평소 실력 이상의 성과를 올릴 수 있다. 시험관리는 자신의 실력을 최대한 발휘하기 위해 시험을 준비하고, 시험치는 방법을 익히며, 시험 후 분석하는 모든 과정을 말한다.

◉ 제1장에서는 '시험'과 '시험관리'에 대한 개념을 이해하고, 자신의 성적과 평소 공부습관을 파악한 후 효과적으로 시험을 준비하는 방법에 대해서 알아본다.

◉ 제1장의 내용을 통해 시험관리 방법을 모르는 학생들에게 어떻게 시험을 준비해야 하는지 알려줄 수 있다. 또는 학생의 준비 정도에 따라 시험관리 모듈 중에서 필요한 부분만 선택해서 사용하면 효과적일 것이다.

목표

◉ 시험과 시험관리가 무엇이며 시험을 위해 필요한 것들을 이해할 수 있다.

◉ 현재 자신의 성적과 공부습관을 파악하고, 시험관리에 대한 올바른 태도를 가질 수 있다.

◉ 시험을 효과적으로 준비하는 방법을 이해할 수 있다.

준비물

◉ 교사용 지도안 및 활동지, 학생용 활동지, 포스트잇

◉ 성적표, 색깔펜, 모둠 활동판

모듈 1.1

시험관리란 무엇일까?

준비물	주의점	소요시간
수업용 PPT, 학생용 활동지, 포스트잇, 모둠 활동판	익명그룹기법을 활용하여 시험과 시험관리 개념을 정리한다.	20분

활동내용

■ '시험'이란 무엇인지 알아보기

익명그룹기법(Nominal Group Technique): 집단 내에서 짧은 시간 내에 팀원들의 아이디어를 도출하기 위한 방법으로, 회의를 통해 역동적으로 아이디어를 생성하고, 우선순위를 선정해 팀의 합의를 이끌어 낼 수 있도록 하는 구조화된 아이디어 생성도구이다. 그룹 내 각자의 아이디어가 익명성을 보장받음으로써, 자신의 아이디어가 타인으로부터 평가받는 것에 대한 부담감을 덜 수 있으므로, 활발한 아이디어 생성활동을 할 수 있다는 장점이 있다. 침묵 속에서 회의 주제에 대한 각자의 생각을 적고 정리한 후, 비슷한 내용끼리 합치고 분류한다(박수홍 외, 2010).

① [학생용 활동지 1]을 나누어 준다. 익명그룹기법을 활용하여 '시험'의 정의를 알아본다.
② '시험'하면 떠오르는 낱말들을 포스트잇 한 장에 하나씩 적게 한다. 개인별로 포스트잇 3~4장씩을 사용하도록 한다.
③ 모둠별로 자신이 적은 내용을 말하면서 모둠활동판에 붙이도록 한다.
④ 이때, 비슷한 내용은 같은 항목끼리 묶어서 분류한다.
⑤ 모둠에서 분류가 끝나면, 반 전체에게 모둠별로 정리한 내용을 발표하게 한다.
⑥ 모둠별로 포스트잇을 분류하여 학급 전체의 생각을 알 수 있게 한다.

활동내용

■ 시험에 대한 자신의 생각 정리하기

알게 된 사실과 자신의 느낌을 [학생용 활동지 1, 2]에 적어보게 한다.

■ 시험관리란 무엇인지 알아보기

① [학생용 활동지 2]를 나누어 준다.

② 시험관리가 무엇인지 학생들의 생각을 들어본 후 설명한다.

"시험관리는 자신의 실력을 최대한 발휘하기 위해 시험을 준비하고, 시험치는 방법을 익히며, 시험 후 분석하는 모든 과정을 말합니다."

③ 시험관리 방법에 대해 익명그룹기법으로 각자 포스트잇을 사용하여 적어보도록 한다.

④ 모둠에서 돌아가며 말하고 비슷한 내용은 같은 항목끼리 묶어서 분류한다.

⑤ 모둠에서 분류가 끝나면 반 전체에게 모둠별로 정리한 내용을 발표하게 한다.

⑥ 모둠별로 포스트잇을 분류하여 학급 전체의 생각을 알 수 있게 한다.

■ 시험관리에 대한 자신의 생각 정리하기

새로 알게 된 사실과 자신의 느낌을 [학생용 활동지 2]에 적어보게 한다.

모듈 1.1

시험관리란 무엇일까?

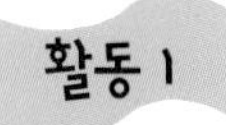

시험이란 무엇인가?

'시험'하면 떠오르는 생각들을 포스트잇에 적어보세요. 자신이 적은 포스트잇을 모둠 활동판에 붙이며 모둠에서 돌아가면서 발표해 봅시다. 비슷한 내용은 같이 묶어서 분류해 보세요.

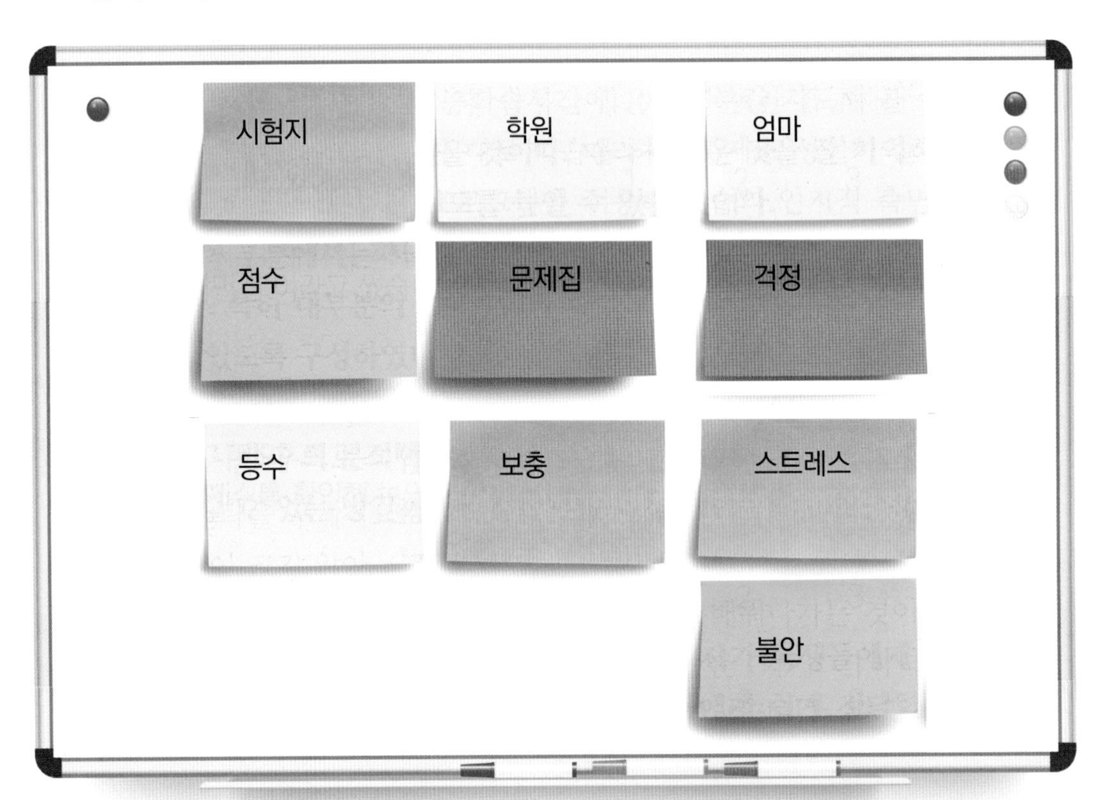

이 활동을 한 후 '시험'에 대한 자신의 생각이나 느낌을 적어보세요.

활동 2 시험관리란 무엇인가?

'시험관리'란 무엇이라고 생각하나요? 시험관리를 위해 필요한 것에는 어떤 것들이 있을까요? 자신이 적은 내용을 모둠에서 돌아가면서 발표해 봅시다. 비슷한 내용은 같이 묶어서 분류해 보세요.

이 활동을 한 후 '시험관리'에 대한 자신의 생각이나 느낌을 적어보세요.

모듈 1.2

공부습관 알아보기

준비물	주의점	소요시간
수업용 PPT, 학생용 활동지, 성적표	◦ 자신의 성적을 확인한 후 어떤 과목을 우선적으로 공부해야하는지 인식하도록 한다. ◦ 스스로 하는 공부에 대한 다짐을 적고, 자신의 각오를 소리내어 읽도록 한다.	20분

활동내용

■ 현재 성적 확인하기

① [학생용 활동지 1]을 나누어 준다.
② 자신의 현재 성적을 확인하여 적어보게 한다.
③ 과목별 점수를 적고 평균을 내어보게 한다.
④ 잘하는 과목과 더 노력해야 할 과목을 파악하여 공부의 우선순위가 필요함을 알도록 한다.

■ 공부습관 점검하기

① [학생용 활동지 2]를 나누어 준다.
② 평소에 공부를 어떻게 하고 있는지 자신을 점검하는 시간을 가지도록 한다.
③ 수업시간의 집중도, 필기방법, 쉬는 시간 및 점심시간 이용 정도, 방과 후 복습 등 전반적인 학습 태도 및 공부습관을 살펴보게 한다.
④ [활동 2]의 '공부습관 알아보기'에서 자신이 고쳐야 할 습관과 보충해야 할 계획을 스스로 찾아서 적고 발표하게 한다. 모둠별 혹은 전체로 발표하여 친구들의 공부습관과 비교해 보도록 한다.

■ 시험 각오 다지기

① [학생용 활동지 3]을 나누어 준다.
② [활동 3]의 '내 인생의 책임자는 나'를 읽고 시험공부에 임하는 각오를 다지도록 한다.
③ '나의 각오'에 자신의 목표와 다짐을 쓰게 한다.

모듈 1.2

공부습관 알아보기

활동 1 현재 나의 성적은?

성적표를 보고 과목별 1차 시험과 2차 시험의 성적과 평균을 적어봅시다.
잘하는 과목과 더 노력해야하는 과목을 확인해보고, 무엇을 중점적으로 공부해야 할지 우선순위를 매겨보세요.

	국어	사회	영어	수학	과학	평균
1차 시험	85	74	90	76	80	81
2차 시험	90	85	95	85	85	88
잘하는 과목			✓			
더 노력해야하는 과목		✓		✓		
우선순위	4	1	5	2	3	

활동 2 나의 공부습관은?

자신에게 해당되는 것에는 O표, 해당되지 않은 것에는 X표를 합니다.

1. 수업시간 전에 공부할 내용을 예습한다.(O)
2. 수업시간에 집중해서 선생님의 말씀에 귀 기울여 듣는다.(O)
3. 중요한 것은 노트에 필기한다.(X)
4. 책을 읽을 때 중요한 것에 밑줄을 긋거나 표시한다.(O)
5. 모르는 것이나 이해가 안 되는 것은 표시해서 질문한다.(X)
6. 수업에서 배운 내용을 매일 스스로 복습한다.(X)
7. 시험공부를 하기 전에 목표를 세운다.(O)
8. 시험치기 전에 계획을 세워서 공부한다.(O)
9. 시험 치기 전까지 시험범위를 두 번 이상 반복해서 공부한다.(X)
10. 시험 후 틀린 이유를 분석하여 다시 확인한다.(O)

O표 한 개수 : (6)개

나의 공부습관 분석

내가 동그라미 한 것은 모두 6개이다. 수업시간 전에 집에서 예습하고 수업시간에 집중해서 선생님 말씀을 듣지만 중요한 것을 따로 필기하지 않는다. 책을 읽을 때는 중요한 것에 밑줄을 긋고 핵심단어는 표시를 한다. 그런데 모르는 것을 표시하거나 질문하지 않고 스스로 복습하지 않는다. 시험 전에는 공부 계획을 세우지만 시험범위까지 2번 이상 반복해서 공부하지는 않았다. 그리고 시험 친 후 틀린 것은 다시 풀어본다.

가장 고치고 싶은 공부습관

1. 중요한 내용을 필기한다. 2. 스스로 복습한다. 3. 시험 전 2번 이상 반복한다.

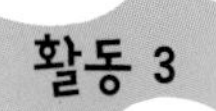

활동 3 시험에 임하는 나의 각오는?

다음 글을 읽고 시험에 임하는 나의 각오를 적어 봅시다.

내 인생의 책임자는 나!

나는 ○○이 되고 싶어.
○○이 되려면 지금 내가 무엇을 해야 할까?
그래 일단은 공부를 해야지.

내가 공부하는 이유는 뭘까?
부모님 때문에? 선생님 때문에?
아니, 나는 나를 위해 공부하는 거야.

내가 더 노력해야 하는 공부는 뭘까?
○○과목과 ○○과목이야.
지금보다 더 열심히 공부한다면 더 잘 할 수 있어.

그래, 중요한 건 바로 내 마음이야!
내 공부는 내가 하는 거야!
내 공부의 책임자는 나야!
내 인생의 책임자도 바로 나야!

나의 각오

모듈 1.3

시험준비 방법 알아보기

준비물	주의점	소요시간
수업용 PPT, 학생용 활동지, 모둠활동판, 마카펜	◦ 공부를 잘하는 학생들이 자신만의 노하우를 공유할 수 있도록 분위기를 조성한다. ◦ 자신만의 공부법이 어떤 것들이 있는지 서로 발표해서 듣고 다양한 방법이 있음을 알게 한다.	20분

활동내용

■ 시험준비 방법 알기

① 자신이 시험을 잘 보았을 때 어떻게 준비했는지 경험을 발표하도록 한다.
- ◦ 계획을 세워서 공부했다.
- ◦ 문제집을 풀고 틀린 것은 다시 공부했다.
- ◦ 할 일을 미루지 않고 공부를 먼저 하고나서 놀았다.
- ◦ 소리 내어 말하거나 적으면서 외우는 등 나에게 맞는 방법으로 공부했다.

② 시험을 치기 전에 해야 할 일을 모둠에서 발표하고 기록하게 한다.

③ 모둠에서 나온 내용으로 시험준비 때 해야 할 일을 순서를 정해 보도록 한다.

④ 모둠에서 정리한 내용을 전체에게 발표하게 한다.

⑤ [학생용 활동지 1]을 나누어 준다.

⑥ 모둠에서 발표한 내용을 들어본 후, 시험을 준비하기 위한 방법들을 전체 학급이 함께 순서를 정해 정리하도록 한다.
- ◦ 목표점수 정하기
- ◦ 시험범위 확인하기
- ◦ 학습해야 할 교재 확인
- ◦ 사용할 수 있는 시간 확인
- ◦ 시험공부 계획 세우기

⑦ 시험을 준비하는 방법을 알게 된 느낌과 자신이 앞으로 시험을 어떻게 준비할 것인지 간단히 적어서 정리하게 한다.

모듈 1.3

시험준비 방법 알아보기

시험준비 방법은?

다음 네모칸에 시험공부를 하는 방법을 차례대로 적어 봅시다.

목표점수 정하기 ▶ 시험범위 확인하기 ▶ 공부할 책, 문제집 확인하기

▼

시험공부 계획세우기 ◀ 공부시간 계산하기

시험준비 방법을 알아본 느낌과 앞으로 어떻게 시험을 준비할지 자신의 생각을 간단히 적어 보세요.

시험준비 시작하기

모듈 2.1 목표점수는 어떻게 정할까?
모듈 2.2 시험범위 확인과 시험공부 방법 정하기
모듈 2.3 공부시간 계산하기
모듈 2.4 시험계획 세우기

CHAPTER 02 시험준비 시작하기

- 시험준비는 목표점수를 정하고, 시험범위와 공부할 교재를 확인한 후 시험공부 계획을 세우는 것을 의미한다. 이를 위해서 도전할 목표를 구체적으로 정하는 것이 필요하다. 막연히 잘하겠다는 결심보다는 점수 또는 등수 등을 구체적인 숫자로 표시하여 시각적으로 확인할 수 있도록 하는 것이 목표를 달성할 가능성을 높일 수 있다.
- 제2장에서는 시험을 준비하는 계획 단계로 목표점수를 정하고, 시험범위와 학습자료를 확인한 후 공부할 시간을 계산하는 방법을 이해하고 실천하는 것을 목표로 한다.
- 제2장의 내용으로 시험공부를 열심히 하지만 체계적인 계획을 세우지 못하는 학생, 정확한 시험범위 및 필요한 학습량을 모르고 공부하는 학생들을 지도할 수 있다. 시험준비는 3주 전에 시작하는 것이 좋지만, 평소 꾸준히 공부하는 습관이 되어 있다면 최소 2주 전에 시험 계획을 세울 수도 있다. 시험계획은 학생들이 자신의 생활 습관과 능력에 따라 유연하게 계획하는 것이 좋다.

목표

- 목표점수를 정하고 공부할 시간을 계산할 수 있다.
- 시험계획을 세우는 방법을 이해할 수 있다.
- 체계적인 시험계획을 세울 수 있다.

준비물

- 교사용 지도안 및 활동지, 학생용 개별 활동지
- 필기구, 일주일 동안의 생활 기록표(사전 숙제로 제시)

모듈 2.1

목표점수는 어떻게 정할까?

준비물	주의점	소요시간
수업용 PPT, 학생용 활동지, 시험지(또는 시험점수가 적힌 결과표)	◦ 현실적으로 달성가능한 목표를 세울 수 있도록 한다. ◦ 학생들은 노력하지 않고 막연히 좋은 점수를 받겠다고 하므로, 일단 목표를 정했으면 그 점수를 받기 위해 스스로 책임을 다한 후 기대해야 함을 강조한다.	20분

활동내용

■ 시험준비를 위해 할 일 확인하기

① 앞 모듈에서 다루었던 시험 준비 방법을 차례대로 말해 보도록 한다.

- 목표점수 확인하기
- 시험범위 확인하기
- 학습해야 할 교재 확인하기
- 사용가능한 시간 확인하기
- 시험공부 계획 세우기

■ 목표점수 정하기

① [학생용 활동지 1]을 나누어 준다.

② 받고 싶은 시험 목표점수를 자유롭게 써 보도록 한다.

③ 목표점수를 어떻게 정하는 것이 좋을지 모둠별 토의를 해 보도록 한다.

활동내용

Tip

목표점수를 정해보라고 하면 대부분의 학생들이 실제 자신의 실력과 공부할 노력을 충분히 고려하지 않고, 막연히 받고 싶은 점수를 쉽게 이야기하는 경향이 있다. 자신의 실력과 노력을 충분히 고민해서 목표점수를 정해야 한다고 설명한다.

④ 바람직한 목표점수는 이전에 받았던 점수를 기준으로 그 점수보다 5점에서 10점 정도 높게 잡는 것이 좋다고 설명한다.

⑤ 개인차가 있을 수 있으므로 학생 스스로 정한 점수를 존중하되, 그 점수를 받을 수 있도록 최선을 다해서 노력해야 함을 강조해서 설명한다.

⑥ 목표 도달을 위해 어느 과목부터 공부할 것인지 공부할 과목의 우선순위를 정해보도록 한다.

⑦ 목표점수를 정했으면 모둠 또는 전체적으로 발표함으로써 목표에 대한 책임감을 가질 수 있게 한다.

모듈 2.1

목표점수는 어떻게 정할까?

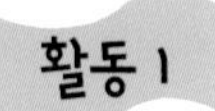
활동 1

목표점수는?

지난 시험 점수의 목표 달성 여부와 다가오는 시험에 받고 싶은 목표점수를 정하여 봅시다.

	국어	수학	사회	과학	영어
이전 시험 목표점수	85	70	90	80	90
이전 시험 점수	85	74	90	76	80
목표 달성 여부	○	○	○		
다가올 시험 목표점수	90	80	95	85	90

목표점수를 정했으면 어떤 과목부터 공부할지 우선순위를 정해보세요.

	국어	수학	사회	과학	영어
내가 먼저 공부해야 하는 과목은?	3	1	4	2	5
우선순위를 정한 이유	______ 과목을 1순위로 정한 이유는				

모듈 2.2
시험범위 확인과 시험공부 방법 정하기

준비물	주의점	소요시간
수업용 PPT, 학생용 활동지, 시험범위 예고지	◦ 시험범위를 알려주어도 관심을 두지 않는 학생들이 있으므로 시험범위 예고지를 가지고 확인하여 적도록 한다. ◦ 공부해야 할 자료가 무엇인지 잘 생각해서 빠진 것이 없도록 지도한다.	20분

활동내용

■ 시험범위 확인하기

① [학생용 활동지 1]을 나누어 준다.
② 시험치는 과목이 몇 개인지 확인하고, 각 과목의 시험범위를 확인하도록 한다.
③ 시험범위가 적힌 유인물을 참고하여 활동지를 완성하도록 한다.
　◦ 활동지에 과목별 시험범위를 확인하고 직접 적어보게 한다.
④ 시험범위를 적을 때 단원, 쪽수, 유인물 등의 분량을 정확히 확인하고 기록하도록 한다.

■ 학습자료 확인하기

① 현재 가지고 있는 교과서, 문제집 등을 활용하여 시험공부 계획을 세울 수 있도록 한다.
② 시험 계획을 세울 때 사용할 학습자료를 다음 시간에 가져올 수 있도록 한다.

■ 시험공부 방법 정하기

① 과목별로 어떻게 시험공부를 할지 방법을 생각해 보도록 한다.
② 지난 시험에서 공부했던 방법을 각자 적어보도록 한다.
③ 알고는 있으나 사용하지 못했던 방법도 모둠 안에서 돌아가며 발표하도록 한다.
④ 모둠별로 토의한 내용을 전체 학생들에게 발표하고, 각 학생들은 발표를 듣고 참고해서 추가 기록하도록 한다.

모듈 2.2

시험범위 확인과 시험공부 방법 정하기

시험범위와 공부할 교재는?

시험범위 확인과 학습 교재확인하기

시험 칠 과목, 시험범위를 확인하여 적고, 공부해야 할 교재를 적어봅시다.

과목	시험범위	쪽수	교재
국어	1. 인물의 말과 행동 ~ 3. 상황에 알맞은 낱말	국어: 6쪽 ~ 83쪽 국어활동: 8쪽 ~ 65쪽	교과서, 문제집
사회	1. 살기 좋은 우리 국토	사회 : 6쪽 ~ 53쪽	교과서, 유인물
수학	1. 약수와 배수 ~ 2. 직육면체	수학 : 6쪽 ~ 65쪽 수익 : 12쪽 ~ 36쪽	교과서, 문제집
과학	1. 온도와 열 ~ 2. 태양계와 별	과학 : 24쪽 ~ 77쪽 실험관찰 : 16쪽 ~ 27쪽	교과서, 문제집
영어	1. I'm from Canada ~ 3. Where's the Museum?	영어: 10쪽 ~ 55쪽	교과서, 프린터 학습지

시험공부 방법 정하기

각 과목을 어떻게 공부하면 좋을지 방법을 적어보세요.

과목	방법(내가 공부했던, 알고 있으나 사용하지 못했던 방법 등)
국어	교과서 읽고 문제풀기, 모르는 낱말 찾아 이해하고 외우기
사회	사회책 읽고 프린트 유인물로 요점 공부, 중요한 개념 외우기
수학	수학교과서와 수학익힘책 문제 복습, 문제집 풀기, 개념 외우고 적용 문제 많이 풀기
과학	과학교과서 읽고 문제풀기, 실험 과정과 결과 정확히 이해하기
영어	교과서 공부(영어단어 외우기, 문장 해석하기, 주요 표현과 문장 암기하기), 문제집 풀기

모듈 2.3

공부시간 계산하기

준비물	주의점	소요시간
수업용 PPT, 학생용 활동지, 일주일 동안의 생활기록표	◦ 사전과제로 일주일동안 시간을 어떻게 사용하는지 주간계획표에 미리 기록해 오도록 한다. ◦ 개인차에 따라 공부하는데 필요한 시간이 다를 수 있으나, 각자 1순위로 정한 과목 공부시간을 계산해 보도록 한다.	20분

활동내용

■ 공부할 수 있는 시간 확인하기

① [학생용 활동지 1]을 나누어 준다.
② 일주일 동안 자신이 공부할 수 있는 시간을 확인해 보게 한다.
③ 고정시간, 생활시간 및 자유시간 등을 제외하고 실제로 공부할 수 있는 시간이 얼마인지 계산해야 한다고 설명한다.
- ◦ 고정시간: 수업시간(학교, 학원, 공부방, 과외 등)
- ◦ 생활시간: 수면, 세면, 식사, 청소, 이동 시간 등
- ◦ 자유시간: 운동시간, TV시청, 게임, 라디오 청취, 친구와 놀기 등

■ 1순위 과목 공부시간 계산하기

① [학생용 활동지 2]를 나누어 준다.
② 1순위로 정한 과목의 시험범위 전체를 공부하는 데 걸리는 시간을 계산하도록 한다.
③ 이때, 시험범위의 교과서를 공부하는 시간, 유인물이나 다른 보충 교재를 공부하는 시간, 문제집을 푸는 데 걸리는 시간을 합쳐서 계산하게 한다.

■ 다른 과목에 필요한 공부시간 계산하기

1순위 과목을 공부하는 데 필요한 시간을 계산하고 나면, 다른 과목도 같은 방법으로 공부시간을 계산해보도록 한다.

모듈 2.3

공부시간 계산하기

공부할 수 있는 시간은?

일주일동안 공부할 수 있는 시간을 계산하여 봅시다. 고정시간, 생활시간을 색칠한 후 공부할 수 있는 시간이 얼마큼 되는지 알아보세요.

	월	화	수	목	금	토	일
7:00	기상, 아침	기상, 아침	기상, 아침	기상, 아침	기상, 아침		
8:00	등교, 자습	등교, 자습	등교, 자습	등교, 자습	등교, 자습	기상, 아침	기상, 아침
9:00	수업	수업	수업	수업	수업	휴식	휴식
10:00						자율학습	자율학습
11:00						자율학습	자율학습
12:00	점심시간	점심시간	점심시간	점심시간	점심시간	휴식	휴식
오후1:00	수업	수업	수업	수업	수업	점심식사	점심식사
2:00			휴식			휴식	휴식
3:00	학원	휴식	학원	휴식	학원	자율학습	자율학습
4:00	학원	자율학습	학원	자율학습	학원	자율학습	자율학습
5:00	학원	자율학습	학원	자율학습	학원	휴식	휴식
6:00	자율학습	자율학습	자율학습	자율학습	자율학습	자율학습	자율학습
7:00	저녁식사	저녁식사	저녁식사	저녁식사	저녁식사	저녁식사	저녁식사
8:00	TV, 휴식	TV, 휴식	TV, 휴식	TV, 휴식	TV, 휴식	휴식	휴식
9:00	자율학습	자율학습	자율학습	자율학습	자율학습	자율학습	자율학습
10:00	취침	취침	취침	취침	취침	취침	취침
11:00	취침	취침	취침	취침	취침	취침	취침
12:00	취침	취침	취침	취침	취침	취침	취침
공부할 수 있는 시간	2시간	4시간	2시간	4시간	2시간	6시간	6시간

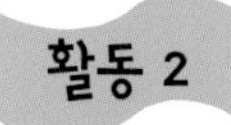

과목별 공부시간은?

1순위 과목의 시험범위를 모두 공부하는데 걸리는 시간을 대략적으로 계산하여 봅시다.

1순위 과목	교과서	문제집	유인물

과목	평가범위	쪽수	교재	필요한 시간
국어	1. 인물의 말과 행동 ~ 3. 상황에 알맞은 낱말	국어: 6쪽 ~ 83쪽 국어활동: 8쪽 ~ 65쪽	교과서, 문제집	국어교과서 2시간 문제집 3시간

다른 과목의 시험범위를 모두 공부하는 데 걸리는 시간을 대략적으로 계산하여 봅시다.

과목	평가범위	쪽수	교재	필요한 시간
사회	1. 살기 좋은 우리 국토	사회 : 6쪽 ~ 53쪽	교과서, 유인물	사회교과서 2시간 문제집 2시간 유인물 1시간
수학	1. 약수와 배수 ~ 2. 직육면체	수학 : 6쪽 ~ 65쪽 수익 : 12쪽 ~ 36쪽	교과서, 문제집	수학교과서 2시간 익힘책 2시간 문제집 2시간
과학	1. 온도와 열 ~ 2. 태양계와 별	과학 : 24쪽 ~ 77쪽 실험관찰 : 16쪽 ~ 27쪽	교과서, 문제집	과학교과서 2시간 실험관찰 1시간 문제집 2시간
영어	1. I'm from Canada ~ 3. Where's the Museum?	영어: 10쪽 ~ 55쪽	교과서, 프린터 학습지	영어교과서 2시간 프린터 학습지 1시간

모듈 2.4

시험계획 세우기

준비물	주의점	소요시간
수업용 PPT, 학생용 활동지, 시험공부 학습자료	◦ 시험계획을 세우고 있는 동안 학생들을 개개인별로 점검해 줄 필요가 있다. ◦ 3-2-1 전략은 최소 6일 만에 공부를 끝낼 수 있도록 계획하는 것이지만 세 번의 반복을 위한 기본 계획을 따른다면 사정에 따라서 며칠이 늘어날 수도 있다. 꼭 연속 6일 만에 끝내지 않아도 4-3-2의 형태, 5-4-3의 형태 등 융통성 있게 실천해서 포기하지 않도록 지도하는 것이 중요하다.	20분

활동내용

■ 시험계획 세우는 방법 알기

① [학생용 활동지 1]을 나누어 준다.

② 시험계획은 구체적이고 실천 가능한 범위에서 세우는 것이 중요하다고 설명한다.

③ 시험계획을 세우는 방법으로 3-2-1 전략을 설명한다.

Tip

3-2-1 전략에서 숫자는 3일, 2일, 1일을 뜻하며, 총 6일간 3번을 반복해서 공부함을 의미한다. 공부하는 기간은 총 6일이지만 연속적인 6일이 아니라도 괜찮다는 것을 이해하도록 한다. 공부를 그 기간에 다 하지 못했다면 융통성 있게 공부기간이 늘어날 수도 있다.

시험과목이 5과목이라고 했을 때 3-2-1전략은 다음과 같이 적용할 수 있다.

◦ 첫 번째 반복: 첫 3일 동안 하루에 1~2과목 정도씩 시험범위 전체를 한 번 학습할 수 있도록 계획한다.

◦ 두 번째 반복: 다음 2일 동안 하루에 2~3과목 정도씩 전체 시험범위를 학습하여 두 번째 반복이 될 수 있도록 계획한다.

활동내용

◦ 세 번째 반복: 다음 1일 동안에는 하루에 5과목의 전체 시험범위를 학습하여 세 번째 반복이 될 수 있도록 계획한다.

④ 활동지에 첫 3일 동안 시험과목 전체를 한번 학습할 수 있도록 계획을 세우도록 한다. 이때, 과목의 비중에 따라 2, 2, 1과목 1, 2, 2과목, 또는 2, 1, 2과목 등 하루에 공부할 수 있는 과목을 자신의 능력에 맞추어서 공부할 수 있도록 계획한다.

⑤ 1회 반복 계획이 끝난 학생은 2회 반복 시험공부 계획을 짜도록 한다.

⑥ [학생용 활동지 1]의 2에 두 번째 계획을 세우도록 한다.

⑦ 2회 반복 시험공부 계획을 세운 학생은 활동지에 마지막 3회 반복학습 계획을 세우도록 한다.

⑧ 계획을 세우는 시간이 부족할 경우 과제로 내어 점검하도록 한다.

모듈 2.4

시험계획 세우기

활동 1 회차별 시험계획 세우기

1회 반복

시험과목을 3일 동안 나누어 한 번씩 공부할 수 있도록 계획을 세워보세요.

날짜	과목	교재	범위	문제집	예상 시간	우선 순위	체크
4/13	국어	1. 인물의 말과 행동	6-43쪽	교과서 범위까지 풀기	30분	1	
		2. 토의의 절차와 방법~ 3. 상황에 알맞은 낱말	44-63쪽 64-81쪽		1시간	2	
	수학	1. 약수와 배수	6-27쪽		1시간	3	
4/14	수학	2. 직육면체	34-59쪽		1시간	1	
	사회	1. (1)소중한 우리 국토	6-23쪽		30분	2	
	영어	1. I'm from Canada 2. What Are Those?	10-24쪽 25-31쪽		40분	2	
		3. Where's the Museum?	32-55쪽		20분	3	
4/15	과학	1. 온도와 열	24-41쪽		30분	1	
		2. 태양계와 별	52-71쪽		30분	2	
	사회	1. (2)아름다운 우리 국토	24-39쪽		30분	3	
		1. (3)변화하는 우리 국토	40-53쪽		30분	4	

2회 반복

시험과목을 2일 동안 나누어 한 번씩 공부할 수 있도록 계획을 세워보세요.

날짜	과목	교재	범위	문제집	예상 시간	우선 순위	체크
4/16	국어	1. 인물의 말과 행동	6-43쪽	틀린 것 다시 풀기	20분	2	
		2. 토의의 절차와 방법~ 3. 상황에 알맞은 낱말	44-63쪽 64-81쪽		30분	4	
	수학	1. 약수와 배수	6-27쪽		1시간	1	
	사회	1. (1)소중한 우리 국토	6-23쪽		20분	3	
		1. (2)아름다운 우리 국토 1. (3)변화하는 우리 국토	24-39쪽 40-53쪽		30분	5	
4/17	과학 —	1. 온도와 열	24-41쪽		30분	2	
		2. 태양계와 별	52-71쪽		30분	3	
	영어	1. I'm from Canada 2. What Are Those?	10-24쪽 25-31쪽		30분	4	
		3. Where's the Museum?	32-55쪽		30분	5	
	수학	2. 직육면체	34-59쪽		1시간	1	

3회 반복

하루에 시험과목을 모두 훑어 볼 수 있도록 계획을 세워보세요.

날짜	과목	교재	범위	문제집	예상 시간	우선 순위	체크
4/18	국어	1. 인물의 말과 행동	6-43쪽	요점정리, 중요한 것 복습	20분	3	
		2. 토의의 절차와 방법~ 3. 상황에 알맞은 낱말	44-63쪽 64-81쪽		40분	4	
	수학	1. 약수와 배수	6-27쪽		30분	1	
	사회	2. 직육면체	34-59쪽		30분	2	
		1. (1)소중한 우리 국토	6-23쪽		20분	5	
	과학	1. (2)아름다운 우리 국토 1. (3)변화하는 우리 국토	24-39쪽 40-53쪽		40분	6	
		1. 온도와 열	24-41쪽		30분	7	
	영어	2. 태양계와 별	52-71쪽		30분	8	
		1. I'm from Canada 2. What Are Those?	10-24쪽 25-31쪽		40분	9	
		3. Where's the Museum?	32-55쪽		20분	10	

시험불안 극복하기

CHAPTER 03 시험불안 극복하기

◉ 시험불안이란 시험에 대한 지나친 걱정 때문에 공부에 방해를 받거나 시험 볼 때 신체적, 정서적 어려움을 경험하는 것을 의미한다. 시험불안은 시험관리 능력이 부족하기 때문에 일어나거나 시험이라는 상황을 두렵고 어려운 것으로 생각하여 실패할 것이라고 미리 걱정하거나, 시험결과에 대한 주변의 평가에 지나치게 민감하기 때문에 발생한다.

◉ 제3장에서는 시험불안이 무엇인지 알아보고 불안으로 인하여 나타나는 증상을 분류한 후, 구체적인 시험불안 극복방법을 배우는 데 목표를 둔다. 먼저, 시험, 발표 등 긴장된 상황에서 느끼는 불안은 연습을 통해서 극복할 수 있음을 설명한다. 다음으로, 학생들이 자신의 불안 정도와 증상을 확인하도록 하고, 시험이나 발표 때 불안을 경감시킨 방법에 대해 점검해 보도록 한다. 마지막으로 시험불안 극복을 위한 구체적인 방법으로 생각바꾸기, 걱정멈춤법, 호흡법, 이미지 상상법을 소개한다.

◉ 제3장은 비효과적인 학습습관을 지니고 있어서 시험불안이 높은 학생, 시험준비를 제대로 하지 못해서 시험을 잘 치지 못하는 학생, 공부는 충분히 했지만 시험치는 동안에 생기는 부정적인 생각 때문에 시험불안이 높은 학생들을 대상으로 이용할 수 있다.

목표

◉ 시험불안의 정의와 증상을 이해할 수 있다.

◉ 생각바꾸기 방법을 사용할 수 있다.

◉ 걱정멈춤법과 호흡법을 이해하고 시험 상황에 적용할 수 있다.

◉ 이미지 상상법을 이용하여 시험불안을 극복하는 데 활용할 수 있다.

준비물

◉ 교사용 지도안 및 활동지, 학생용 활동지

◉ 색깔펜

모듈 3.1

시험불안이란 무엇일까?

준비물	주의점	소요시간
수업용 PPT, 학생용 활동지	◦ 불안을 느끼는 것은 자연스러운 것이며, 나쁜 것이 아님을 알게 한다. ◦ 시험불안의 의미를 설명하며 적절한 불안은 긍정적인 영향을 줄 수 있음을 알게 한다. ◦ 시험관리 능력이 부족하면 불안이 높게 나타나는 경향이 있으므로 시험불안에 대한 정확한 이해가 필요하다.	20분

활동내용

■ 불안 경험 말해보기

① 시험이 아니더라도 생활 속에서 경험했던 불안 상황과 그때의 느낌을 발표해 보도록 한다. 불안으로 인한 성공과 실패의 경험을 말해보도록 한다. 불안이 도움이 되었던 경우나 불안으로 인하여 잘못되었을 때의 경험을 발표해 보도록 한다.

■ 시험불안 정의하기

① [학생용 활동지 1]을 나누어 준다.

② 학생들이 생각하는 시험불안이 무엇인지 써 보고 서로 발표하게 한다.

③ 시험불안이란 시험에 대한 지나친 불안으로 공부에 방해를 받거나 시험 볼 때 곤란을 경험하는 것을 의미한다고 설명한다.

④ 시험을 앞두고 어느 정도의 불안을 경험하는 것은 자연스러운 것으로 시험을 준비할 때 적절한 불안은 긍정적인 영향을 미칠 수 있다는 것을 알게 한다.

활동내용

Tip

시험성적은 학습한 내용을 얼마나 잘 이해했는지, 얼마나 노력을 했는지 보여주는 것이지 자신의 지능, 능력, 성격 및 인간으로서의 가치를 반영해 주는 것은 아니라는 점을 설명하여 충분히 이해할 수 있도록 한다.

■ 시험불안 경험 알아보기

① [학생용 활동지 1] 표에 제시되어 있는 증상 중에서 시험 때 자신이 자주 겪는 경험을 표시해 보도록 한다.

② 그 중에서 자신을 가장 고통스럽게 하는 생각, 감정, 행동이 무엇인지 적어보게 한다.

③ 시험불안으로 나타나는 증상들을 없앨 수 있는 방법을 적어 보게 한다. 각자 적은 내용을 발표하여 서로 해결할 수 있는 방법들을 공유하도록 한다.

■ 시험불안 증상 알아보기

① 시험불안의 증상은 인지적, 정서적, 행동적인 측면에서 구분된다고 설명한다.

② 인지적 측면의 증상에는 부정적인 자동적 사고로 노력해도 안 된다는 생각, 주의집중을 못함, 시험을 못 칠 것 같다는 생각, 결과에 대한 걱정, 생각과 기억이 잘 안 남, 자꾸 딴 생각이 남, 잊어 버렸을까봐 걱정이 됨 등이 대표적인 증상이라고 설명한다.

③ 정서적 증상은 긴장과 불안, 예민해짐, 무서움과 공포감, 당황스러움, 우울감 등이 있다고 설명한다.

④ 행동적(생리적) 증상은 두근거림, 떨림, 손에 땀이 남, 안절부절못함, 몸에 힘이 빠짐, 화장실에 자주 감, 두통, 복통, 소화가 잘 안됨, 답답하고 호흡이 가빠짐, 얼굴이나 몸이 뜨겁거나 차가워지는 현상이라는 것을 설명한다.

모듈 3.1

시험불안이란 무엇일까?

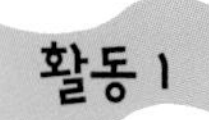

시험불안이란?

'시험불안'이란 말은 무슨 뜻일까요? 자신이 생각한대로 써 보세요.

시험 칠 때 못할까봐 걱정하는 것, 답안지를 밀려 적으면 어쩌나하는 걱정,
시험 칠 때 느끼는 불안감, 시험지를 받으면 긴장되고 떨리는 것 등

다음 중 자신이 자주 겪는 시험 불안 경험에 ✔ 표시해 보세요.

☐ 아무리 공부해도 시험을 잘 못쳐.
☐ 이번 시험마저 못 치면 난 정말 끝이야!
☐ 첫 시험을 잘 쳐야 남은 시험도 잘 치는데.
☐ 시험 치면서 불안하다는 것은 결과가 나쁠 것이라는 징조야.
☐ 아무래도 이번 시험은 잘 못 칠 것 같아. 내 예감이 틀린 적이 없어.
☐ 답안지를 쓸 때 한 칸씩 밀려 쓰면 어쩌지.
☐ 이번 시험은 중요한 시험인데, 지난번처럼 또 망칠 것 같아.
☐ 두근거림
☐ 몸이 떨림
☐ 신체부위에 땀이 남(손, 코 등)
☐ 안절부절못함
☐ 머리가 굳어 버리는 느낌
☐ 몸에 힘이 빠짐
☐ 손톱을 물어뜯음
☐ 화장실에 자주 가게 됨
☐ 머리가 아픔
☐ 배가 아프고 설사가 남
☐ 소화가 안 됨
☐ 호흡이 곤란함
☐ 얼굴이 화끈거림
☐ 신경이 날카롭고 예민해짐
☐ 시험이 없어져버렸으면 좋겠음
☐ 두려움
☐ 울고싶음
☐ 당황스러움
☐ 집중이 안 되고 산만해짐
☐ 기억이 잘 안 남
☐ 내용이 눈에 안 들어옴
☐ 자꾸 딴 생각이 남
☐ 아는 것이 생각 안 날까봐 두려움
☐ 모르는 것이 나올까봐 걱정
☐ 시간이 모자랄까봐 걱정
☐ 공부를 제대로 못한 것 같은 걱정
☐ 시험을 망칠 것 같은 걱정

나를 가장 고통스럽게 하는 것은 (시험을 망치지는 않을까 하는 걱정이다.)
이것을 극복하기 위해 (미리 걱정하지 말고, 잘할 수 있다는 자신감을 가질 수 있는 긍정적인 생각을 하도록 노력하는 것)

모듈 3.2

시험불안 수준 알아보기

준비물	주의점	소요시간
수업용 PPT, 학생용 활동지	불안점수가 너무 높게 나오거나 너무 낮게 나오는 학생의 경우 개별적으로 상담하여 그 원인을 분석하도록 한다.	20분

활동내용

■ 시험불안 정도 알아보기

① [학생용 활동지 1]을 나누어 준다.

② 시험불안의 정도를 알아보는 문항을 읽고 자신에게 해당되는 곳에 표시하도록 한다.

③ 자신의 시험불안 점수를 계산하여 불안의 정도가 어떤지 파악한다. 불안점수가 너무 높아도 문제가 되지만 너무 낮아도 좋지 않다는 것을 설명한다.

④ 시험불안 점수 해석은 모듈 3.2 활동 뒷페이지를 보고 설명한다.

Tip 시험불안을 설명하는 이론들

1. 심리역동: 시험불안이 유·아동기의 부모와의 관계에서 발생된다. 자녀의 학업성적에 대한 부모의 기대가 과도하거나, 부모가 비판적일수록 시험불안을 가중시킨다.
2. 욕구이론: 과제수행욕구와 이를 방해하는 불안욕구가 상황에 따라 촉진 또는 방해한다. 둘 중 어느 욕구가 발생하는가에 따라 과제수행을 촉진하기도, 방해하기도 한다.
3. 행동주의: 시험불안은 조건형성이 잘못 되었기 때문에 생긴다. 우연히 시험을 제대로 못 봐서 힘들었다면 다른 시험을 볼 때 이전 경험이 연상되어 긴장, 불안하게 된다.
4. 인지주의: 시험상황에 대한 인지적 해석 때문이다. 공부에 집중해야 할 에너지가 불안을 일으키는 생각을 줄이거나 없애는 데 사용되기 때문에 정작 시험공부를 하지 못한다.

(김동일 외, 2011)

모듈 3.2

시험불안 수준 알아보기

활동 1 나의 시험불안 정도는?

다음 중 자신에게 해당되는 내용에 ✔표시해 보세요.

	내 용	전혀 그렇지 않다 1	대체로 그렇지 않다 2	보통이다 3	조금 그렇다 4	정말 그렇다 5
1	시험지를 받고 문제를 한번 훑어볼 때 나도 모르게 걱정이 앞선다.			✓		
2	시험 공부가 잘 안 될 때 짜증만 난다.		✓			
3	시험 문제의 답이 알쏭달쏭하고 생각나지 않을 때 시험 준비를 더 열심히 하지 않은 것을 후회한다.				✓	
4	부모님이 시험이나 성적에 관해 물어보실 때 겁을 먹고 어찌할 바를 모른다.		✓			
5	친구들과 답을 맞춰보면서 시험에 대해 얘기를 나눌 때 나보다 친구들이 더 좋은 점수를 받았다는 생각에 시달린다.		✓			
6	시험 치기 직전 책이나 참고서를 봐도 머리에 잘 들어오지 않는다.			✓		
7	시험지를 받을 때 가슴이 두근거릴 정도로 긴장한다.				✓	
8	답안지를 제출할 때 혹시 표기를 잘못하지 않았는지 신경이 쓰인다.				✓	

9	시험 치기 전날 신경이 날카로워져 소화가 잘 안 된다.		✓			
10	답안지에 답을 적는 순간에도 손발이 떨린다.				✓	
11	시험 문제를 푸는 중에도 잘못 답하지 않았는지 걱정하며 애를 태운다.			✓		
12	시험을 치다가 시간이 부족하다는 것을 느꼈을 때 허둥대고 당황한다.				✓	
13	시험이 끝나고 집으로 돌아갈 때 힘이 빠진다.			✓		
14	시험 문제가 어렵고 잘 풀리지 않을 때 가슴이 답답하고 입이 마른다.				✓	
15	시험 날짜와 시간표가 발표될 때 시험 걱정 때문에 마음의 여유가 없어진다.			✓		
16	시험 공부를 다 하지 못하고 잠이 들었다 깼을 때 눈앞이 캄캄하고 막막하다.			✓		
17	틀린 답을 썼거나 표기를 잘못했을 때 가슴이 몹시 조마조마해진다.				✓	
18	선생님이 시험 점수를 불러주실 때 불안하고 초조하다.			✓		
19	자신이 없거나 많이 공부하지 못한 과목의 시험을 칠 때 좌절감을 느낀다.				✓	
20	부모님께 성적표를 보여드리기가 두렵다.			✓		

(황경렬, 1997)

나의 시험불안 점수는 64 점

시험불안 점수 해석

[총점 35점 이하]

시험에 대해 별다른 스트레스를 느끼지 않는 상태. 오히려 긴장이 풀어져 능률이 오르지 않는 것을 주의할 필요가 있다.

(시험에 대해 별다른 불안을 느끼지 않는 강심장의 소유자입니다. 시험과 같은 불안을 유발시키는 상황에 대해서도 담담할 수 있다면 시험불안이나 긴장 때문에 어이없게 시험을 망치거나 해서 속상한 일은 없겠군요. 다만 너무 긴장을 놓거나 시험에 대해서 무감각해질 경우도 있을 수 있는데, 적당한 불안이 있을 때 최고로 자신의 실력발휘를 할 수 있다는 사실을 기억할 필요가 있습니다.)

[총점 35~60점]

불안의 정도는 보통이지만 벼락치기나 자신 없는 과목의 경우엔 망칠 수 있다. 미리미리 계획을 세워 준비한다면 불안의 정도를 줄일 수 있다.

(평소 그리 많이 불안해하지는 않지만 때때로 소심해지는 당신. 평소 자신 있는 과목이거나 공부를 열심히 한 과목에 대해서는 별로 불안해하지 않지만, 공부를 안했다가 벼락치기 시험공부라도 한 날에는 가슴이 콩닥콩닥 뛰고, 머릿속엔 남는 것도 없어서 많이 힘들었죠? 그래서 시험공부는 미리미리, 계획적으로 공부하는 것이 좋답니다. 종종 해야 할 일에 대해서 준비가 되어있지 않을 때 불안을 느끼는 건 어찌 보면 당연한 일이니까요. 미리미리 자신 있게 준비하고 시험에 임하는 것이 좋겠죠?)

시험불안 점수 해석

[총점 61~80점]

불안 수준이 보통 이상으로 학습의 효율성이 떨어진 상태이다. 주변 사람들과 얘기하면서 적극적으로 시험 스트레스를 줄이는 방법들을 익힐 필요가 있다.

(별일 아닌 일에도 자주 불안을 느끼는 당신. 종종 친구들에게 새가슴이라는 놀림을 받곤 하지 않나요? 좋은 성적을 받고 싶은 마음에 열심히 공부는 하려 하지만, 긴장과 불안 때문에 공부한 것에 비해 성적은 별로이거나 공부의 효율성이 떨어지는 경우가 종종 있겠네요. 나도 이런 사실에 대해 잘 아는데 맘대로 안된다고요? 그렇다면 걱정이 많이 되겠네요. 그럴 땐 혼자 고민하지 말고 가족이나 친구에게 나의 어려움도 알리고, 다른 사람은 어떤지 얘기도 들어보세요. 그래도 해결이 안 된다면 전문가에게 도움을 받아보는 것도 괜찮습니다.)

[총점 81점 이상]

일상생활에서도 스트레스와 불안 정도가 높고 시험이란 말만 들어도 끔찍한 상태. 상담기관이나 신경정신과 등 전문가의 도움이 필요하다.

(시험뿐만 아니라 대부분의 생활에 있어서 긴장감이 높은 당신은 항상 불안에 쫓기며 살겠군요. 긴장 수준이 너무 높아서 손이 떨리거나, 시험을 볼 때 전혀 집중을 할 수 없는 등의 신체적 반응도 많이 나타날 것 같고요. 이 정도면 시험 자체가 끔찍한 경험이 될 것 같은데요. 혼자서는 해결하기 힘들 것 같기 때문에 적극적으로 주위의 도움을 받아야 할 것 같습니다. 또한 긴장을 이완시킬 수 있는 여러 방법들을 배워서 활용하는 것도 도움이 되겠고요. 무엇보다 내가 왜 이렇게 불안에 시달려야 하는지 진지하게 자문해 보는 것이 중요할 것 같은데, 전문가를 만나서 자신의 고민에 대해 도움을 받아보세요.)

(파주시청소년상담복지센터 홈페이지 참조)

모듈 3.3

시험불안 극복 방법 1

준비물	주의점	소요시간
수업용 PPT, 학생용 활동지	당연하다고 여기고 있는 비합리적인 생각을 합리적인 생각으로 바꾸는 활동을 통해 고치도록 한다.	20분

활동내용

■ 시험불안 극복방법 알아보기

① [학생용 활동지 1]을 나누어 준다.

② 학생들에게 자신이 알고 있거나 사용하고 있는 시험불안 극복 방법을 써 보게 한다.

③ 시험불안 극복방법을 모둠 또는 전체로 발표하도록 한다.

어떤 사람은 시험공부를 많이 했음에도 불구하고 막상 시험 칠 때 긴장되고 떨려서 실력을 제대로 발휘 못하는 경우가 있다. 반면 시험을 평소와 다름없이 스트레스 받지 않고 당당하게 치고 자신의 실력 이상으로 성과를 보이는 사람도 있다. 이러한 차이는 바로 '초킹(choking)'현상 때문인데, 이것은 느끼고 있는 상황에 대한 스트레스 반응으로 발생하는 좋지 않은 결과를 의미한다. 걱정하는 순간 실패가 시작되므로 시험공부를 할 때 충분한 공부와 시험과 같은 상황의 연습으로 압박감을 줄일 수 있어야 한다. 또 심호흡을 하거나 산책하면서 명상을 하고, 걱정되는 것들을 종이에 글로 써 보거나 자신을 존중하고 긍정적인 생각으로 바꾸는 연습 또한 시험불안을 줄일 수 있는 방법이다.

(사이언 베일락, 2011)

④ 시험불안을 극복하는 방법에 대해 설명한다.

"시험불안이 높으면, 시험에 대해 걱정이 너무 많아 공부를 해도 머리에 잘 들어오지 않고 공부한 만큼 실력을 발휘하지 못하게 됩니다. 따라서 시험 불안이 높은 사람은 생각을 바꾸거나 마음을 편안히 가질 수 있는 이미지 상상법 혹은 긴장을 해소하는 방법을 배워서 익힐 필요가 있습니다."

활동내용

"어떻게 하면 시험 불안을 없앨 수 있을까요? 우선 평소에 공부하는 습관을 가집니다. 수업시간에 집중해서 선생님의 설명을 잘 듣고, 들은 내용을 노트에 필기를 해서 복습해야 합니다. 그리고 수업 전에는 배울 내용을 잠시라도 한번 훑어보세요. 시험 전에는 미리 시간과 내용에 대한 계획을 세우고 공부하면 자신감이 생겨서 불안한 마음이 없어집니다. 만약 자신을 고통스럽게 만드는 생각, 감정, 행동이 있으면 오늘 선생님이 가르쳐주는 방법들을 이용해 보세요."

■ 생각바꾸기

① 시험에 대한 잘못된 생각을 바꾸는 인지적 방법을 설명한다.

"우리가 생활하면서 떠올리는 생각과 느끼는 감정과 드러나는 행동은 서로 관련되어 있습니다. 예를 들어 어떤 학생이 '난 해도 안 돼.'라는 생각을 자주 한다면 이러한 생각은 어떤 감정을 일으킬까요? 아마도 자신감이 없어지고 우울하게 하며, 좌절감을 느끼게 될 것입니다. 이러한 상태에서 공부를 한다면 잘 할 수 있을까요? 아마 핑계를 대며 책을 보지 않거나 포기해 버릴지도 모릅니다. 우리가 좀 더 행복하고 만족스럽고 즐겁게 살아가기 위한 방법은 바로 생각의 주인이 되는 것입니다. 시험에 관한 생각뿐만 아니라 나와 세상에 대한 생각을 긍정적으로 바꾸고 자신의 잠재력을 충분히 발휘할 수 있도록 생각바꾸기를 해 봅시다."

② 생각, 느낌, 행동은 서로 밀접한 관련이 있으며, 도움이 되는 생각과 부정적인 생각이 가져오는 결과가 다르다는 것을 이해하도록 한다.

③ 성적이 좋지 않은 학생들이 흔히 가지고 있는 잘못된 생각(시험에서 또 실패할 것이다, 불안을 이겨낼 수 없다, 좋은 점수를 얻지 못하면 가치 없는 사람이 된다, 아무리 노력해도 안 된다 등)을 논박해서 합리적인 사고를 가질 수 있게 모둠별로 토의할 수 있도록 설명한다.

④ 활동지 〈보기〉에 제시된 5개 문장 중에서 1개를 선택하여 토의하도록 한다. 이때, 논박하고 합리적인 생각으로 바꾸도록 한다.

■ 생활 속에서 적용하기

생각바꾸기의 방법을 생활 속에서 적용하여 보도록 과제를 제시한다.

모듈 3.3

시험불안 극복 방법 1

활동 1 시험불안을 극복하려면?

시험불안을 극복하려면 어떻게 해야 할까요? 자신이 알고 있거나 사용하고 있는 방법을 써 봅시다.

잘 할 수 있다고 믿는다, 시험이 인생의 전부가 아니라고 생각한다, 시험처럼 미리 연습해본다, 계획을 잘 세워서 공부를 열심히 한다, 걱정이 될 때마다 종이에 걱정거리를 적어 본다 등

다음 〈보기〉 문장은 시험에 대해 많은 사람들이 쉽게 가지는 잘못된 생각들입니다. 각 문장을 읽고 무엇이 잘못된 생각인지 친구들과 토의한 후 합리적인 생각으로 바꾸어 봅시다. 〈보기〉 중 하나를 골라 표 안에 정리해 보세요.

나는 운이 나빠

성적이 안 오르는 것을 보면 내 머리가 나쁜 거야

난 시험만 보면 망쳐

재원이는 공부를 잘하니깐 성공할 것이고, 난 성적이 나빠서 성공하지 못할거야

노력해서 잘못하느니 차라리 안하고 말겠어

선택한 문장	노력해서 잘못하느니 차라리 안 하고 말겠어.
선택한 문장 논박하기	실패한다고 해서 노력하지 않는다면 아무것도 할 수 없을 거야.
합리적인 생각으로 바꾸기	노력해서 실패하더라도 최선을 다해봐야지.

모듈 3.4

시험불안 극복 방법 2

준비물	주의점	소요시간
수업용 PPT, 학생용 활동지, TV, 창문 등 사각형 물건	◦ 사각호흡법을 익혀서 생활에서 필요할 때마다 심호흡을 스스로 할 수 있도록 한다. ◦ 뇌의 정보 중 시각적으로 받아들이는 것이 70% 이상이므로 이미지를 상상하는 것이 실제로 보는 것과 똑같은 효과가 있음을 강조해서 설명한다.	20분

활동내용

■ 걱정멈춤법 알아보기

① [학생용 활동지 1]을 나누어 준다.

② 걱정멈춤법은 자신도 모르게 스며드는 부정적인 생각이나 장면이 떠오를 때 즉시 “STOP” 또는 “그만” 이라고 소리 내어 말하는 방법임을 설명한다.

③ 사람들은 실수를 되풀이하지 않도록 생존 본능에 따라 자신도 모르게 부정적인 생각을 우선적으로 하게 된다는 것을 설명한다. 따라서 의식적으로 부정적인 생각을 멈추려고 노력하지 않고 내버려두면 끝없이 커져서 나중에는 자신이 감당할 수 없는 상황까지 몰고 가므로 빨리 걱정을 멈추는 습관을 배워야 함을 강조한다.

④ 소리 낼 수 없는 상황이면 마음속으로 “그만”이라고 해도 된다고 설명한다.

⑤ [학생용 활동지 1]의 걱정멈춤법을 과제로 제시한 후 점검한다. 학생들은 걱정멈춤을 할 때마다 날짜와 사용횟수를 기록하여 효과 점수를 평가해 보도록 한다. 효과점수는 10점을 만점으로 하며, 걱정멈춤을 했을 때의 효과를 스스로 적어보게 한다. 기간은 1주일 혹은 시험공부 기간 동안 불안이 생겼을 때 불안이 멈출 때까지 사용할 수 있다.

활동내용

■ 사각호흡법 알아보기

① 학생들에게 자신이 알고 있는 호흡법을 발표해 보도록 한다.

② 사각호흡법은 일반적인 심호흡의 방법을 기억하기 쉽고 적용하기 쉽게 만든 호흡법임을 설명한다.

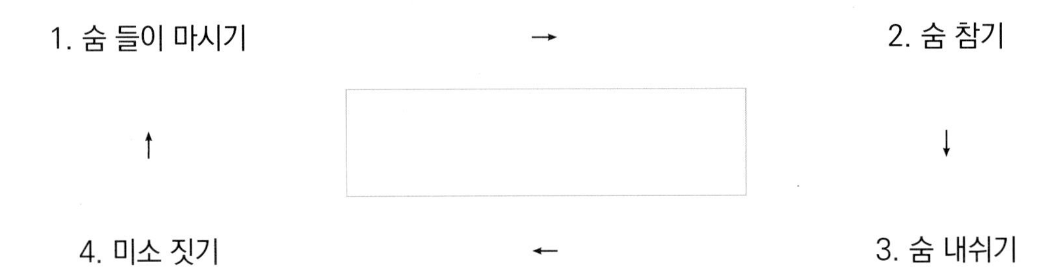

③ 먼저 주변에 있는 사각형 모양의 물건을 찾게 한다. 그 사각형의 각 모서리를 왼쪽 위부터 오른쪽 시계방향으로 차례대로 보면서 연습하도록 한다.

④ 활동지에 제시된 지시문을 순서대로 읽으며 학생들과 함께 연습한다.

셋까지 세며 숨 들이마시기, 숨참기, 숨 내쉬기, 미소짓기를 한다.

1. 주변에 있는 사각형을 하나 정합니다. (예: TV, 컴퓨터 모니터, 책 등)
2. 첫 번째 모서리(숨 들이 마시기) - 셋까지 헤아릴 동안 숨을 크고 깊게 들이 마십니다.
3. 두 번째 모서리(숨 참기) - 셋까지 헤아릴 동안 숨을 참습니다.
4. 세 번째 모서리(숨 내쉬기) - 셋까지 헤아릴 동안 숨을 조금씩 천천히 내쉬세요.
5. 네 번째 모서리(미소 짓기) - 양 손으로 입 끝을 올려서 미소 짓는 얼굴로 만듭니다.

익숙해지면 다섯까지 세어서 호흡을 늘릴 수 있다.

⑤ 억지로 미소를 지으면 기분이 좋아지므로 시험불안을 줄이는 효과가 있다는 것을 설명하며 연습하도록 한다.

활동내용

■ 이미지 상상법 알아보기

① 이미지 상상법은 운동선수(사격, 양궁, 역도, 마라톤 등)의 심상훈련법처럼 이루고 싶은 것을 머릿속에 반복해서 떠올리는 것을 의미함을 설명한다.

"시험을 보고 있다고 생각할 때와 좋아하는 활동을 할 때 우리의 몸과 마음은 어떻게 다를까요? 아마 시험을 생각하면 불안해질 것이고, 좋아하는 일을 생각하면 기분이 좋아질 것입니다. 불안은 상상만으로도 높아지거나 낮아질 수 있습니다. 그래서 스스로 마음을 편하고 평화롭게 만드는 장면을 머릿속으로 자주 떠올리는 연습을 하면 실제로 경험하는 불안 정도를 많이 줄일 수 있습니다. 자, 그럼 눈을 감고 선생님이 들려주는 이야기를 상상하며 들어보세요."

③ 아래 보기에 있는 글을 읽어주고, 학생들에게 눈을 감고 그 장면을 상상해보도록 한다.

나를 평화롭게 하는 이야기

어느 여름 오후, 나는 바다가 보이는 2층 거실에 앉아 있습니다. 화창한 하늘에는 솜사탕 같은 구름이 흘러가고, 바다에는 파도가 시원하게 춤추고 있습니다. 멀리 보이는 산은 녹음이 푸르고 울창한 숲으로 싱그러움을 더해 줍니다. 열린 창문으로 시원한 바람이 불어와 머릿결을 날립니다. 깨끗이 정리되어 있는 탁자 위에는 달콤한 아이스크림과 과일이 있습니다. 크고 푹신한 소파에 앉아서 경쾌한 클래식 음악을 들으니 더욱 기분이 상쾌합니다. 어렵고 힘든 과제를 무사히 다 끝냈고, 이제 편안히 쉬고 충분한 여유를 가질 수 있는 여행이 시작됩니다. 읽고 싶은 책을 펼쳐 놓습니다. 책을 읽다가 졸리면 눈을 잠시 감습니다. 사랑하는 가족들과 친구들의 얼굴이 떠오릅니다. 따뜻한 사랑으로 행복함이 느껴집니다.

④ 이미지를 상상하며 들었던 느낌을 발표하게 한다.

⑤ [학생용 활동지 2]를 나누어 준다.

⑥ 학생 스스로 자신을 행복하게 만드는 상상 이야기를 활동지에 적어보도록 한다.

⑦ 상상 이야기를 짝끼리 발표하거나 모둠별로 발표해도 되고, 잘 만들어진 이야기는 전체학생들에게 발표하도록 해도 좋다. 이때 듣는 학생들은 눈을 감고 듣도록 하고 이야기 속 장면을 상상해 본 느낌을 말해 보게 한다.

⑧ 시험을 준비하면서 불안할 때나 시험공부를 할 때 자신이 만든 행복 이야기를 떠올리며 불안을 줄일 수 있도록 지도한다.

모듈 3.4

시험불안 극복 방법 2

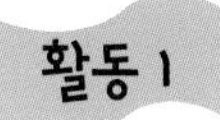

활동 1 걱정멈춤법과 사각호흡법

걱정멈춤법

시험불안에 대한 지나친 걱정이나 부정적인 생각을 그대로 내버려두면 점점 커져서 감당할 수 없게 됩니다. 걱정이 시작되거나 잘못된 장면이 떠오른다면 즉시 "걱정멈춤법"을 사용합니다. 소리 내어"STOP(멈춰, 그만)"이라고 말하는 연습을 해보세요. 만약 수업 시간 중이거나 소리를 낼 수 없는 상황이라면 마음속으로 해도 괜찮습니다. 하루에 몇 번이나 "STOP"을 사용했는지 횟수와 그렇게 했을 때의 효과를 평가해서 적어 보세요.

날짜	4/21	4/22	4/23	4/24	4/25	4/26	4/27
STOP 사용횟수	3	4	3	5	2	4	4
효과(10점만점)	5	6	7	6	7	8	8

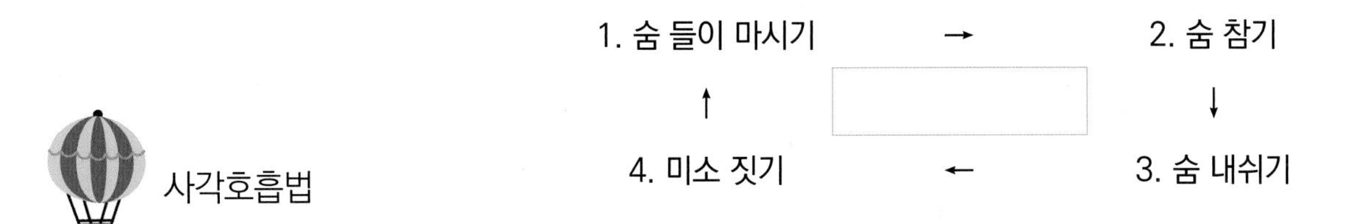

사각호흡법

시험공부를 하기 전이나 공부를 할 때 편안한 마음을 가질 수 있도록 하는 것이 필요합니다. 아래에 있는 '사각호흡법'에 따라 차례대로 연습해 보세요. 연습을 자주 하면 마음이 차분해지고 머리가 맑아져서 공부가 잘 됩니다. 스트레스가 많이 쌓일 때에도 해 보면 도움이 될 거에요.

1. 주변에 있는 사각형을 하나 정합니다. (예: TV, 컴퓨터 모니터, 책 등)
2. 첫 번째 모서리(숨 들이 마시기) - 셋까지 헤아릴 동안 숨을 크고 깊게 들이 마십니다.
3. 두 번째 모서리(숨 참기) - 셋까지 헤아릴 동안 숨을 참습니다.
4. 세 번째 모서리(숨 내쉬기) - 셋까지 헤아릴 동안 숨을 조금씩 천천히 내쉬세요.
5. 네 번째 모서리(미소 짓기) - 양 손으로 입 끝을 올려서 미소 짓는 얼굴로 만듭니다.

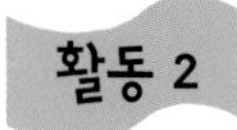

이미지 상상법

여러분을 평화롭게 만드는 이야기를 만들어 보세요.

나를 평화롭게 하는 이야기

지은이 : ______________

나는 지금 숲 속에 있습니다. 나무들이 울창하게 서 있고, 초록 나뭇잎들이 바람에 흔들리고 있습니다. 새들의 울음소리도 들립니다. 계곡에는 졸졸 물이 흐르는 소리가 들립니다. 가까이 내려가서 손을 담그니 아주 시원한 느낌이 듭니다. 양말을 벗어서 발도 함께 담급니다. 찰랑거리는 물결이 발가락을 간질입니다. 피로가 풀리는 느낌입니다. 눈을 감고 편안하게 쉽니다.

나의 다짐하기: 시험볼 때 자신감을 가질 수 있도록 나 자신에게 해 주는 말을 써보세요.

I CAN DO IT

시험치기 전략 알기

모듈 4.1 시험치기 전략이란 무엇일까?

모듈 4.2 시험치기 전략 활용하기

모듈 4.3 시험결과 분석하기

모듈 4.4 오답노트 작성하기

모듈 4.5 시험 후 다짐하기

CHAPTER 04

시험치기 전략 알기

◉ 시험치기 전략은 실제로 시험을 칠 때 실수하지 않고 자신의 실력을 발휘하는 방법을 의미한다.

◉ 제4장에서는 시험 치는 방법에 대한 전략과 시험 후 결과를 분석하여 해석하고 오답을 작성하는 방법들을 소개한다. 먼저, 시험 치는 방법에 대한 OX퀴즈를 풀어보고 '이대감만점' 시험치기 전략을 게임으로 익힌다. 시험 후에는 자신의 실력대로 성적이 나왔는지, 우연히 답을 맞힌 것은 없는지 확인하기 위해 시험결과 분석과 오답노트를 작성하도록 구성하였다.

◉ 시험을 칠 때 실수로 정답을 잘못 표기하거나 정답을 밀려 쓴 학생들, 이름을 적지 않고 내거나 문제지에는 답을 적어놓고 답안지에는 빠뜨리고 표기하지 않는 학생들, 시험지 뒷장을 아예 풀지 않고 내는 학생들, 특히 집중력이 부족한 학생이나 세심한 것을 놓치는 학생들을 대상으로 시험치기 전략 모듈을 사용하는 것이 효과적일 것이다. 또한, 시험이 끝난 후에는 틀린 문제를 다시 풀지 않고 오답노트를 작성할 줄 모르는 학생들을 대상으로 시험 후 관리 방법에 대한 모듈을 선택적으로 사용해도 좋을 것이다.

목표

◉ 시험칠 때 '이대감만점' 시험치기 전략을 활용할 수 있다.

◉ 시험 후 시험결과를 분석할 수 있다.

◉ 오답노트 작성법을 알고 오답노트를 써서 활용할 수 있다.

◉ 시험결과에 대한 올바른 이유를 이해하고 스스로를 격려할 수 있다.

준비물

◉ 교사용 지도안 및 활동지, 학생용 활동지

◉ 시험성적표, 시험지

◉ 색깔펜

모듈 4.1

시험치기 전략이란 무엇일까?

준비물	소요시간
수업용 PPT, 학생용 활동지	20분

활동내용

■ 시험 치는 방법 ○, X 퀴즈 풀기

① 평소에 시험 치는 방법과 습관을 알아보기 위해 O, X 퀴즈를 함께 풀어보도록 한다.

② X인 문장은 바르게 고쳐서 시험 치는 적절한 방법으로 이해하도록 한다.

③ 퀴즈를 푼 후에는 자신만의 시험 치는 방법이 있는지 물어보고 서로 발표하여 공유하도록 한다.

① 문제를 다 푼 후 남는 시간에 이름을 적는다.(×)
→ 문제를 풀기 전 이름부터 적는다.(○)
② 어려운 문제부터 다 풀고 쉬운 문제를 푼다.(×)
→ 쉬운 문제부터 풀고 어려운 문제는 나중에 푼다.(○)
③ 지문이 길면 문제와 보기부터 읽고 지문을 읽는다.(○)
④ 정답이라는 확신이 들지 않을 때는 확신이 들 때까지 붙잡고 있는다.(×)
→ 정답이라는 확신이 들지 않을 때 표지를 해두고 다시 돌아와 결정한다.(○)
⑤ 정답을 확실히 고를 수 없다면 답이 아닌 것부터 지워 나간다.(○)
⑥ 시험 후 쉬는 시간에 바로 정답을 확인한다.(×)
→ 답이 틀렸다는 사실을 확인하면 기분이 나빠져 다음 시간 시험에 영향을 줄 수 있으므로 쉬는 시간에 정답을 확인하지 않는다.
⑦ 적었던 답이 확실히 틀렸다고 생각되지 않으면 고치지 않는다.(○)
⑧ 문제를 끝까지 다 푼 후, 답을 정확히 표기했는지 검토한다.(○)
⑨ 모르는 문제가 나왔을 때는 과감히 넘어간다.(○)

활동내용

■ 시험치기 전략 암기하기

① [학생용 활동지 1, 2]를 나누어 준다.

② [학생용 활동지 1]에 있는 시험치기 전략인 '이대감만점'을 먼저 설명한다.

"'이대감만점'은 시험을 치는 방법들의 앞글자만 따서 모은 말로 '이'는 이름을 먼저 써라, '대'는 대강 훑어보아라, '감'은 감이 오는 쉬운 문제부터 풀어라, '만'은 만만하지 않은 어려운 문제는 ☆표시 후 나중에 다시 풀어라, '점'은 점검하라를 뜻합니다."

이: 이름을 먼저 써라.

시험을 시작하기 전에 자신의 이름을 쓰고, 여백에 '이대감만점'이라고 쓰도록 한다.

대: 대강 훑어보아라.

먼저 전체적으로 어떤 문제들이 나왔는지 한번 훑어보도록 한다. 시험지를 받자마자 곧바로 1번부터 문제를 푸는 것이 아니라 '이런 저런 문제가 나왔구나' 하고 전체적으로 살펴보도록 한다. 그리고 시간을 어떻게 분배해서 풀면 좋을지도 생각해 보도록 한다.

감: 감이 오는 쉬운 문제부터 먼저 풀어라.

- 시험지를 전체적으로 훑어본 후에는 자신 있는 문제와 쉬운 문제부터 풀도록 한다. 처음부터 모르는 문제를 푸느라 시간을 낭비하여 시간이 부족하지 않도록 지도한다.
- 감이 오는 쉬운 문제를 먼저 풀 때, 문제를 잘못 읽어 실수하지 않도록 유의할 것을 지도한다.
- 시험문제마다 지시사항이 다르므로 지시사항을 제대로 파악하게 한다. 문제에서 지시하는 대로 답을 기록하도록 하여야 하며, 정답을 알고도 잘못 기록해서 틀리지 않도록 한다.
- 정답인 것을 확신하면 지시사항에서 지시하는 대로 정답을 쓴다.

만: 만만하지 않은 어려운 문제는 ☆표 하라.

만만하지 않은 어려운 문제는 ☆표 후 나중에 다시 풀어야 한다. 모르는 문제를 푸느라 시간을 낭비해 버리면 다른 문제를 다 풀지 못할 경우가 생기므로 표시 후 넘어가는 전략을 활용하도록 지도한다. 확실하지 않은 정답은 일단 써 놓고 나중에 다시 확인하도록 하며 너무 오래 한 문제를 잡고 있지 않도록 지도한다.

활동내용

점: 점검하라.

시험지 마지막 문제까지 풀었으면 중간에 몰라서 ☆친 곳으로 다시 돌아가서 풀도록 한다. ☆표 한 것의 답을 다시 확인하여 틀렸으면 정정하도록 한다. 답안지 전체를 훑어보면서 답을 제대로 표기하였는지, 빠뜨린 것은 없는지 꼭 점검하도록 한다. 모르는 문제는 시험지에 있을 모든 단서와 그동안 공부했던 기억을 이용하여 문제를 다시 풀고 점검한다.

③ 학생들이 '이대감만점' 시험치기 전략카드를 들고 암송할 수 있도록 독서카드(A7)나 두꺼운 용지를 이용하여 앞면에는 전략을, 뒷면에는 방법을 써서 외우도록 한다.

④ 모둠별로 외우는 시간을 주고, 서로 점검하며 연습하도록 한다.

⑤ 모둠별로 '이대감만점' 전략을 외웠는지 일어나서 발표하게 한다.

⑥ 짝끼리 [학생용 활동지 2]를 활용하여 게임하며 전략을 외우도록 한다.

모듈 4.1

시험치기 전략이란 무엇일까?

활동 1 '이대감만점'이란?

① 이: 이름을 먼저 써라

② 대: 대강 훑어보아라

③ 감: 감이 오는 쉬운 문제부터 먼저 풀어라

④ 만: 만만하지 않은 어려운 문제는 ☆표 하라

⑤ 점: 점검하라. 풀지 않은 것, 빠뜨린 것을 확인하고 답을 맞게 썼는지 점검하라

활동 2 이대감만점 게임

1. 짝과 함께 시험 치기 전략인 ‘이대감만점’을 외워서 게임을 해 봅시다.
2. 가위, 바위, 보를 해서 순서를 정합니다.
3. 이긴 사람은 자신의 말을 시작에서 한 칸 옮겨 ‘이’에 놓습니다.
4. ‘이름을 먼저 쓰라’고 바르게 외웠으면 그 자리에 있고 기억하지 못하면 한 칸 뒤로 갑니다.
5. 먼저 승리에 도착한 사람이 이기는 게임입니다.

시작	이	대	감	만	점	이	대	감	만	점	승리

승리	이	대	감	만	점	이	대	감	만	점	시작

모듈 4.2

시험치기 전략 활용하기

준비물	주의점	소요시간
수업용 PPT, 학생용 활동지, 시험지(단원평가 예시문제)	다시 점검할 때에는 색깔이 다른 펜을 사용하여 첫 번째 답과 같은지 다른지 확인해보도록 한다.	20분

활동내용

■ 시험치기 전략 활용하여 시험치기

① '이대감만점' 전략을 직접 시험치는 장면에 활용하게 한다.

"이번에는 지난 시간에 배운 '이대감만점' 방법을 여러분이 오늘 치는 시험에 응용해 보도록 하겠습니다. 먼저 '이대감만점'을 차례대로 외워봅시다."

② '이대감만점'을 기억하고 있는지 점검한 후 시험지를 나누어준다.

③ 시험지를 받으면 이름을 먼저 쓰고, 여백에 '이대감만점'이라고 쓰도록 한다.

④ 학생들이 시험지를 전체적으로 대강 훑어 본 후, 아는 문제부터 풀기 시작하는지 개별적으로 확인한다.

⑤ ☆표 해 두었던 만만하지 않은 문제를 풀고 있는지 중간중간 점검한다.

⑥ 문제를 다 풀었는지, 답안지에 빠뜨린 것 없이 제대로 썼는지 점검한다.

■ 시험치기 전략 활용 후 평가하기

① [학생용 활동지 1]을 나누어 준다.

② 점검표를 활용하여 '이대감만점'을 얼마나 활용했는지 스스로 평가하도록 한다.

③ 각 문항을 읽고 자신에게 해당하는 점수에 표시한다.

④ 느낀 점에는 '이대감만점' 전략을 이용했을 때 어떤 점이 도움이 되었고, 이 방법을 사용하기 전과 어떤 차이가 있었는지 적어보도록 한다.

⑤ 모둠별로 돌아가며 느낀 점을 서로 발표하도록 한다.

⑥ 궁금한 점이나 더 알고 싶은 점이 있으면 서로 질문하고 답하도록 한다.

모듈 4.2

시험치기 전략 활용하기

활동 1 시험치기 전략 점검

시험지를 풀면서 시험치기 전략을 사용했는지 아래의 질문에 답해보세요.

연번	질문	전혀 아니다	아니다	보통이다	그렇다	매우 그렇다
		1	2	3	4	5
1	이름을 먼저 썼습니까?	1	2	3	4	5
2	여백에 '이대감만점'이라고 썼습니까?	1	2	3	4	5
3	먼저 시험지를 대강 훑어 보았습니까?	1	2	3	4	5
4	시험시간과 문제수를 확인해 보았습니까?	1	2	3	4	5
5	어려운 문제에 ☆표를 했습니까?	1	2	3	4	5
6	문제를 꼼꼼히 읽었습니까?	1	2	3	4	5
7	정답을 답안지에 빠짐없이 썼는지 확인했습니까?	1	2	3	4	5
8	끝까지 다 푼 후 표시 해 둔 문제로 돌아가 다시 풀었습니까?	1	2	3	4	5
느낀 점	"이대감만점"이라고 시험지에 쓰고 차례대로 풀어서 빠뜨린 것 없이 다 풀었다. 시험문제를 꼼꼼하게 읽기 위해서 중요한 단어에 밑줄을 긋거나 동그라미를 쳐서 점검해보았다. 모르는 문제를 붙잡고 푸느라 시간을 허비하지 않고 미리 표시해두고 아는 것부터 풀어서 덜 불안하게 느껴졌다.					

모듈 4.3

시험결과 분석하기

준비물	주의점	소요시간
수업용 PPT, 학생용 활동지, 시험성적표, 시험지	시험 후 실력으로 맞춘 것인지, 우연으로 맞춘 것인지 확인하게 한 후, 우연으로 맞춘 것은 점검하여 확실하게 이해하도록 한다.	20분

활동내용

시험결과 분석하기에서는 시험 후 관리의 중요성에 대해 설명한다.

“시험을 친 후, 점수만 확인하고 잊어버리면 안 됩니다. 내가 맞힌 문제가 정확하게 알고 맞힌 것인지 우연히 맞힌 것이지 확인을 해야 진짜 실력을 알 수 있습니다. 틀린 문제는 다음에도 틀리기 쉬우므로 다시 풀어 무엇 때문에 그 문제를 틀렸는지 파악하는 것이 중요합니다. 이번시간에는 시험결과를 분석하고 어떻게 오답노트를 작성하는 지 알아보겠습니다.”

■ 채점표로 시험결과 분석하기

① [학생용 활동지 1]을 나누어 준다.

② 활동지에 아는 문제를 맞혔으면 ‘정’, 아는 문제를 틀렸으면 ‘실’, 모르는 문제를 맞혔으면 ‘찍’, 에 해당하는 문제 번호를 과목별로 빈칸에 쓰도록 한다.

③ 과목별로 (정+실-찍) 공식대로 맞은 개수의 점수를 알아본다. 이것이 자신의 실제 실력임을 알게 한다.

④ 실수한 문제는 왜 실수했는지 이유를 생각해 보게 한다.

⑤ 모르는 문제는 확실히 알 때까지 풀어야 함을 강조한다.

⑥ 시험결과가 나쁘게 나왔으면 그 이유가 무엇인지 생각해 보고 발표하게 한다.

활동내용

■ 오답유형 분석표로 시험결과 분석하기

① 오답유형을 분석하는 것은 자신의 실제 실력을 확인하여 틀린 문제에 대해 같은 실수를 다시 하지 않기 위함이라는 것을 설명한다.

② 여기서 오답이라 함은 틀린 것뿐 아니라 모르는 데 찍어서 맞춘 것도 포함한다는 것을 설명한다.

③ 실제로 친 시험지를 가지고 틀린 문제를 보면서 틀린 이유를 활동지에 제시된 분석표에 표시하게 한다.

④ 오답유형 중 주로 어디에 해당하는지 스스로 분석해보고 느낀 점을 발표하게 한다.

⑤ 국어, 수학 외의 다른 과목에 대한 시험결과 분석을 과제로 내어서 스스로 해보게 한다.

모듈 4.3

시험결과 분석하기

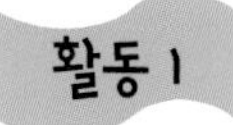

채점표로 시험결과 분석하기

시험지를 보고, 채점표를 완성해 보세요.

구분	국어	수학	사회	과학	영어
'정'	20	18			
'실'	2	1			
'찍'	2	3			
(정+실-찍) 나의 실력	20	16			

정'은 정답을 맞힌 개수, '실'은 아는 문제를 실수로 틀린 개수, '찍'은 모르는 문제를 찍어서 맞힌 개수를 뜻합니다. 나의 실력은 정답 개수에서 실수로 틀린 개수를 더한 후, 모르는 문제를 찍어서 맞힌 개수를 빼면 됩니다.

오답을 살펴보고, 왜 틀렸는지 분석표를 완성해 보세요.

유형 \ 과목	국어	수학	사회	과학	영어
1. 문제를 잘못 읽어서	1				
2. 시간이 부족해서	1				
3. 몰라서	1	2			
4. 답을 잘못 표시해서		1			
5. 모르는 데 찍어서		2			
총계	4	5			

위의 표를 보고 느낀 점과, 앞으로 시험 칠 때 유의할 점에 대해 스스로 평가하여 적어 보세요.

국어는 문제를 잘못 읽거나 덤벙거리고 세심하게 읽지 않아서 틀렸다. 수학은 몰라서 틀렸고 시간도 부족하였다.
다음 시험에는 국어문제를 꼼꼼하게 읽고 풀고 수학 공부는 틀린 문제를 복습하고 시간투자를 더 많이 해서 공부해야겠다.

모듈 4.4

오답노트 작성하기

준비물	주의점	소요시간
수업용 PPT, 학생용 활동지, 오답노트, 시험지	오답노트를 작성하는 것으로 끝나지 않고 여러 번 반복해서 보고, 확실하게 이해하도록 한다.	20분

활동내용

■ 오답노트 작성하기

① 오답노트 작성의 필요성에 대해서 설명한다. 한번 틀린 문제는 다시 풀어도 틀릴 확률이 높으므로 오답노트를 정리해야 한다는 것을 강조한다. 모르는데 찍어서 맞힌 문제도 오답노트에 다시 작성하도록 한다.

"한번 틀린 문제를 다시 틀리는 이유는 우리의 뇌가 시험 문제를 풀면서 알쏭달쏭해서 집중적으로 고민했던 것을 오래 기억하기 때문입니다. 헷갈려서 어느 답을 선택할지 고민을 많이 한 문제는, 다음에도 비슷한 형태의 문제를 고민하여 헷갈렸던 오답을 쓰기가 쉽습니다. 정확하게 오답을 확인하고 분명하게 정리해 놓지 않으면 역시 다음에도 똑같은 고민 속에 오답을 찾게 됩니다."

Tip 자이가르닉 효과 - 마치지 못한 일을 마음속에서 쉽게 지우는 못하는 현상

자이가르닉 효과처럼 오답노트를 확실하게 재작성해서 익히지 않으면 다음에 또 틀릭 확률이 있음을 강조하여 설명한다.

② 오답노트 작성은 자신이 무엇을 알고 있는지 모르는지, 제대로 이해했는지 아닌지, 약점이 무엇인지 등에 대한 이해와 함께 앞으로 지속되는 시험에 대한 통찰을 얻도록 하는 데 목적이 있다고 설명한다.

③ 오답노트 작성은 반복되는 실수를 막으며, 출제 경향이 높은 문제의 유형과 내용을 파악하는 것이 가능하므로장기적인 관점에서 학습 효과를 높일 수 있다는 것을 이해하도록 한다.

④ 오답노트를 작성하고 끝나는 것이 아니라 자주 복습하여야 함을 강조한다. 예를 들면 수학 문제를 다시 풀어서 재확인할 때 선생님처럼 말로 설명해 보거나 비슷한 유형의 다른 문제를 풀어서 점검할 수 있다고 안내한다.

⑤ [학생용 활동지 1]을 나누어 준다.

⑥ 실제로 오답노트를 1~2개 작성해 본다. 오답노트를 검토한 뒤 나머지는 과제로 제시한다.

모듈 4.4

오답노트 작성하기

활동 1 오답노트 작성하는 방법

오답노트 작성법

1. 맨 윗칸에 시험 친 날짜, 과목, 시험범위(단원이나 소제목)를 적는다.

2. 틀린 문제와 모르는데 찍어서 맞춘 문제 등을 복사해서 붙이거나 직접 적는다.

3. 문제아래 정답을 빨간색으로 적는다.

4. 정답 아래에 '해설'이라고 쓰고 파란색으로 다른 사람에게 문제풀이를 설명하듯 최대한 자세하게 쓴다. 본인이 모르면 친구나 선생님에게 물어서 적는다. 오답노트를 작성할 때 중간과정을 상세히 쓰고 정확하게 기억해야 할 부분을 색깔펜으로 강조하여 반복해서 익히도록 한다.

5. 틀린 이유 칸에는 왜 틀렸는지 그 이유를 자세하게 쓴다. 실수를 했다면 어느 부분에서 실수를 했는지 찾아서 구체적으로 적고, 몰라서 틀린 경우는 어느 부분을 몰랐거나 이해가 안 되었는지 정확히 찾아서 쓴다. 틀린 이유를 적는 것은 틀린 이유에 대해서 스스로 생각해 볼 기회를 가짐으로써 비슷한 유형의 문제를 틀리지 않게 하기 위해서이다.

6. 오답노트는 다음에 틀리지 않도록 하는 것이므로 시간 날 때마다 보며 반복 학습한다. (복습 횟수 표시)

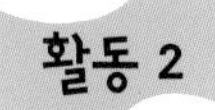

오답노트 작성하기

자신이 가장 먼저 하고 싶은 과목의 오답노트를 작성하여 봅시다.

날 짜	20○○년 ○○월 ○○일	과목	수학	단원	4. 나눗셈
문 제	연필 24자루, 지우개 48개를 최대한 많은 학생들에게 남김없이 나누어주려고 합니다. 몇 명에게 나누어 줄 수 있을까요?				
정 답	24명				
해 설 (풀이과정)	4) 24 48 6) 6 12 1 2 4X6=24인데 4X6=12로 잘못 써서 틀렸다.				
틀린 이유	덤벙대고 곱셈을 잘못 계산하여서				
복습 횟수	★★☆☆☆				

모듈 4.5

시험 후 다짐하기

준비물	주의점	소요시간
수업용 PPT, 학생용 활동지	시험결과에 대한 해석뿐만 아니라 자신이 경험한 일의 결과가 운이나 능력에 따른 것이 아니라 '노력'에 있다는 것을 알고 생활 속에 적용할 수 있도록 한다.	20분

활동내용

■ 시험결과 격려하기

① [학생용 활동지 1]을 나누어 준다.

② 활동지의 '수민이와 성수의 이야기'를 읽고 두 학생의 시험 성적이 떨어진 이유를 답해 보도록 한다.

③ 이야기의 주인공과 자신을 비교하여 성적이 좋지 않게 나왔을 때, 그 이유가 무엇이라 생각하는지 모둠별로 의견을 나누어 본다.

④ 시험결과에 대한 이유를 들어본 후, 어떻게 생각하면 좋을지 의논해보게 한다.

"시험결과가 만족스럽든 그렇지 않든 시험결과에 대한 해석은 아주 중요합니다. 왜냐하면 결과에 대해 내가 어떻게 생각하느냐에 따라 다음에 더욱 노력할 수도, 포기할 수도 있기 때문입니다. 시험결과를 보았을 때 나의 실력이 좋아서 잘 쳤는지, 내가 열심히 노력한 결과인지, 아니면 운이 좋거나 시험이 쉬워서인지 분석해 보는 것이 필요합니다. 하지만 어떤 결과라도 노력으로 이러한 결과를 얻었다는 해석을 하는 것이 가장 바람직합니다. 결과가 만족스럽지 못했다면 다음에 더욱 노력할 수 있을 것이고, 노력한 결과가 좋았다면 다음에도 계속 노력해 갈 수 있기 때문입니다. 여러분은 어떻게 생각하나요?"

⑤ 여러 가지 의견을 들어본 후, 시험결과를 노력으로 귀인할 수 있도록 지도한다.

활동내용

귀인이란?

- 어떤 사건에 대해 자신의 입장에서 지각한 원인을 의미한다.
- 어떤 학생은 시험을 못 봤을 때 노력부족으로 판단하고 다음에 더 열심히 해야겠다고 생각하는 반면, 어떤 학생은 능력이 부족해서 더 이상 못하겠다고 포기한다. 또는 시험이 어려웠거나 운이 없어서 성적이 낮게 나왔다고 비난하기도 한다.
- 시험결과에 대한 원인을 어디에 두느냐는 이후 행동에 큰 영향을 주므로 노력에 귀인할 수 있도록 지도한다.
- 귀인이 중요한 이유는 이전의 성공과 실패의 원인을 어떻게 인식하는지에 따라 이후 과제에 대한 접근 방식과 과제 지속에 영향을 미치기 때문이다.

귀인의 4가지 유형에 따른 지도 방법

① 자신의 머리가 나빠서 성적이 잘못 나왔다고 생각하는 학생
- 공부는 지능에 상관없이 지속적인 노력이 필요하다는 것을 알려준다.
- 공부습관을 잘 들이면 잘할 수 있다는 것을 알려준다.

② 노력이 부족해서 그렇다고 생각하는 학생
- 공부를 잘하기 위하여 예습·복습하는 습관으로 꾸준히 노력해야함을 알려 준다.
- 노력하면 좋은 결과를 얻을 수 있다는 것을 알려 준다.

③ 출제자를 탓하거나 시험이 어려워서 못했다고 생각하는 학생
- 문제가 너무 어려워서 성적이 낮다고 생각하면 다른 학생들도 마찬가지로 어려운 것이기에 더욱 노력해야 극복할 수 있다는 것을 알려준다.
- 문제가 까다롭게 출제되었기 때문이라고 생각하면 다양한 예상문제를 풀어보도록 한다.

④ 모든 것을 운에 거는 학생들
- 운이 좋고 나쁜 것은 내가 바꿀 수 있는 부분이 아니므로, 스스로 조절 가능한 '노력'에 귀인할 수 있도록 한다. 또, 공부습관을 잘 들여 노력하면 시험을 잘 볼 수 있다는 것을 강조한다.

모듈 4.5

시험 후 다짐하기

활동 1 시험 후 다짐하기

다음 '수민이 이야기'를 읽고 물음에 답하세요.

수민이는 평소 수학시험에서 90점 혹은 95점을 받는 학생이었습니다. 그런데 수민이가 웬일로 이번 시험에서 수학점수 60점을 받았습니다. 한번도 60점을 받은 적이 없었던 수민이는 크게 놀라고 당황하게 되었습니다. 수민이의 성적이 떨어지게 된 이유는 무엇일까요?

1. 수민이의 성적이 떨어진 이유를 써 봅시다.

집안에 무슨 일이 있거나 걱정되는 일이 있어서 공부에 집중하지 못했을 것 같다.

2. 어떻게 말해주면 수민이의 마음을 위로할 수 있을까요?

괜찮아, 넌 평소에 잘하니까 노력하면 금방 잘할 수 있을 거야. 무슨 문제 있니? 내가 도와줄게. 말해 봐.

다음 '성수의 이야기'를 읽고 물음에 답하세요.

이번 2학기 수학경시대회에서 성수는 평소 자신의 수학 성적보다 무려 20점이나 높은 점수를 받았습니다. 성수는 다른 친구들에 비해 수학 성적이 아주 뛰어난 학생이 아닙니다. 어느 때는 친구들에 비해 좋지 않은 성적을 받을 때도 있었고, 어느 때는 친구들과 비슷한 정도였습니다.

이렇게 평소에는 높은 수학점수가 나오지 않았던 성수가 이번 수학경시대회에서는 다른 친구들에 비해서도 잘 나오게 된 것입니다. 그런데 성수의 표정이 그다지 밝지 않습니다. 마치 자신이 그런 성적을 받게 되었다는 것이 믿어지지 않는다는 표정입니다. 좋아하고 기뻐하기 보다는 오히려 고개를 갸웃거리고 있습니다.

1. 시험성적이 좋은 데도 성수의 표정이 밝지 않은 이유가 무엇이라고 생각하나요?

열심히 공부한 것도 아닌데 성적이 잘 나왔으면 기분이 좋았을 것 같은데, 자신이 노력한 결과가 아니라고 생각한 것 같다.

2. 성수의 표정이 어두운 이유에 대해서 친구들과 함께 이야기해봅시다.

우연히 성적이 잘 나왔기 때문에 다음에도 잘 본다는 보장이 없어서 불안한 것이다.
다음 번에도 성적이 이렇게 잘 나오지 않으면 어쩌지 하는 걱정이 될 것이다. 등

3. 최근에 친 시험결과를 생각해보고 왜 그런 결과가 나왔다고 생각하는지 이유를 적어봅시다.

4. 만약 시험결과가 좋지 않다면 어떻게 생각하는 것이 도움이 될지 ✓표해 봅시다.

- ☐ 난 원래 머리가 나빠서 그래. 그러니까 나는 아무리 노력해도 공부를 잘 할 수 없어.
- ☑ 내가 한 노력이 부족해서 결과가 좋지 않았구나. 다음에는 좀 더 노력해봐야겠다.
- ☑ 내가 열심히 노력해서 좋은 성적을 얻었다. 계속 열심히 노력해야지.
- ☐ 와, 운이 좋았구나. 다음에도 계속 운이 좋으면 좋겠다.

참고문헌

교육부(2014). 초등학교 4학년 1학기 읽기.
교육부(2013). 초등학교 5학년 과학.
교육부(2013). 초등학교 6학년 국어.
교육부(2009). 초등학교 5학년 1학기 읽기.
김동일, 신을진, 이명경, 김형수 공저(2011). 학습상담. 서울: 학지사.
김소영, 서봉금, 김정섭(2014). 목표설정 중심의 시간관리 프로그램이 중학생의 진로 자기효능감에 미치는 효과. 사고개발, 2014,10(2), 31-47.
김소영, 최지만, 김정섭(2013). 학습컨설팅 프로그램이 초등학교 학습부진아의 주의집중력에 미치는 효과. 사고개발, 2013, 9(3), 43-61.
김영채(2005). 생각하는 독서. 서울: 박영사.
김영채(2011). 독서이해와 글쓰기. 서울: 교육과학사.
김의식(2012). 바보처럼 공부하고 천재처럼 꿈꿔라. 서울:명진출판.
김정섭(2009). 학습컨설팅의 중요성과 학습 컨설턴트의 역할. 학교심리와 학습컨설팅, 1(1), 19-33.
김정섭(2012). 교수학습센터를 위한 학습컨설팅. 교육심리연구, 26(4), 837-851.
김지영(2013). 자기조절학습프로그램이 초등 학습부진아의 학습동기와 학습전략에 미치는 영향. 부산대학교 대학원 석사학위 논문.
김지영, 김정섭(2014). 학교기반 학습컨설팅 프로그램이 초등학생의 학습전략에 미치는 효과. 학습자중심교과교육학회지, 14(6), 169-192.
김현영, 정영선(2010). 청소년을 위한 학습상담. 서울: 시그마프레스.
노지영(2011). 어린이를 위한 시간관리의 기술. 경기도: 위즈덤하우스.
박수홍, 안영식, 정주영(2010). 체계적 액션러닝. 서울: 학지사.
박은교(2011). 세계 1등 위인들이 들려주는 아주 특별한 시간관리 습관. 경기도: 니케북스.
사이언 베일락(2011). 부동의 심리하(박선령 역). 경기도: 21세기북스.
소년한국일보(2102). "꽃 · 풀잎 우산 속으로… 곤충들의 폭우 피하는 요령". 7월 29일.
신현숙(2005). 독서교육. 서울: 홍진P&M.
어린이동아(2012). "지구촌 '탄소 없애기' 대작전". 3월 12일.
어린이 동아(2012). "뜨거워진 한반도, '경북포도' 옛말". 8월 14일.
어린이 동아(2012). "확대되는 녹조현상". 8월 9일.
윤채영(2011). 전문가 모형의 학교기반 학습컨설팅 적용이 학습전략에 미치는 효과. 교육심리연구, 25(3), 545-567.
윤채영, 김정섭(2015). 학교기반 학습컨설팅 모형개발. 한국교육, 42(1), 107-135.
윤채영, 김정섭(2010). 예방적 학습컨설팅이 전환기 중학생의 학업동기에 미치는 영향. 중등교육연구, 58(3), 381-408.
윤채영, 황두경, 김정섭(2012). 초등 학습부진아와 일반아의 학업동기와 학습전략 특성 비교. 사고개발, 8(2), 125-149.
윤현주, 윤소영, 김정섭(2009). 주의집중전략 훈련이 초등학생의 학습태도와 학업성취도에 미치는 영향. 학교심리와 학습컨설팅, 1(1), 67-78.
이채윤(2006). 컴퓨터 병을 고치는 의사 안철수. 서울: 보물섬.
이화진, 임혜숙, 김선, 송현정, 홍순식, 조난심(1999). 초등학교 학습부진아용 교수-학습자료 개발: 학습동기 전략 프로그램 (CRC 1999-2). 서울: 한국교육과정평가원.
전도근(2012). 공부의 달인이 되는 기억력과 암기력 향상 전략(교사용 지도서). 서울: 학지사.
전도근(2011). 공부의 달인이 되는 기억력과 암기력 향상 전략(학생용 워크북). 서울: 학지사.
전도근(2010). 자기주도적 학습전략 시리즈 2: 공부의 달인이 되는 주의 집중력 향상 전략 교사용 지도서. 서울: 학지사.
정미선, 정세영(2012). 영재학생과 일반학생의 학습양식 비교. 영재교육연구, 2012, 22(2), 39-59.
정세영, 김정섭(2013). 전환기 중학생의 학습동기와 학습전략의 관계. 사고개발, 2013, 9(1), 161-176.
천경록, 이경화 역(2003). 독서지도론, 서울: 박이정.
최동선, 정향진, 이민욱, 문한나, 추연우, 현지훈(2014). 국가직무능력표준(NCS)학습모듈 활용방안 연구. 서울: 한국직업능력개발원.
최정원, 이영호(2006). 시험불안 다루기 전략 및 시험전략. 서울: 학지사.
표시정(2007). 은혜갚은 꿩. 서울: 씽크하우스.
한국콘텐츠진흥원(2005). "산사의 소리, 은혜 갚은 꿩". http://www.culturecontent.com (2015.8.20. 방문).
호아킴 데 포사다(2009). 마시멜로 이야기. 서울: 한국경제신문사.
황경렬(1997). 행동적, 인지적, 인지-행동 혼합적 시험불안 감소훈련의 효과비교. 한국심리학회지: 상담과 심리치료, 9(1), 57-80.
황두경, 김정섭(2014). 초등학교 학습부진학생의 시간관리능력과 학업적 자기효능감에 대한 시간관리 학습전략 프로그램의 효과. 사고개발, 10(4), 39-57.
Bobb Biehl, B., & Paul Swets. (2012). 꿈을 향한 31일간의 여행(박영인 역). 경기도: 큰나무(원저 2007에 출판).
Carolyn, C. (2012). 학습부진아 지도를 위한 220가지 전략 학습코칭(정종진 역.). 서울: 시그마 프레스(원저 2001 출판).
Finch, C. R., & Crunkilton, J. R.(1999). Curriculum development in vocational and technical education. planning, content, and implementation, MA : Allyn and Bacon.
Stephen R. Covey., A. Roser Merrill., & Rebecca R. Merrill. (1997). 소중한 것을 먼저 하라(김경섭 역). 서울: 박영사(원저 1994에 출판).

공저자약력

김정섭(KIM JungSub)

창의성교육, 비판적사고, 칭찬프로그램개발에 관심을 가지고 연구를 하였고, 최근에는 학습컨설팅을 토대로 한 학교심리학에 많은 관심을 가지고 있다. 현재 부산대학교 교육학과 교수로 근무하고 있다.

creativejin@pusan.ac.kr

강명숙(KANG MyungSuk)

인지, 정서, 행동문제로 어려움을 겪고 있는 학생들의 적응을 위한 학습컨설팅 및 창의력교육에 관심을 가지고 연구하고 있다. 현재 한국학습컨설팅센터장으로 근무하고 있다.

kangms386@hanmail.net

윤채영(YOON ChaeYoung)

학습컨설팅, 학습부진, 학습전략, 학습몰입, 학업중단, 학사경고 등에 관심을 가지고 연구하고 있다. 현재 신라대학교 교육혁신본부 교수로 근무하고 있다.

chaeyoungy@hanmail.net

정세영(JUNG SeYoung)

창의력과 글 이해에 대하여 관심을 가지고 연구하였고, 최근 학습컨설팅과 창의적 학습에 많은 관심을 가지고 있다. 현재 계명대학교 교수학습개발센터 교수로 근무하고 있다.

308580@hanmail.net

김지영(KIM JiYoung)

학습부진, 학습동기 및 학습전략에 관심을 가지고 연구하였으며, 최근 대학생의 진로/학습컨설팅과 수업참여에 많은 관심을 가지고 있다. 현재 경남대학교 대학혁신지원사업단 교수로 근무하고 있다.

chinkuya@hanmail.net

김소영(KIM SoYeong)

진로상담, 학습자 심리정서조절, 학습부진아 학습컨설팅, 진로학습컨설팅에 관심을 가지고 연구하고 있다. 현재 영산대학교 교수학습개발원 교수로 근무하고 있다.

donald9328@gmail.com

황두경(HWANG DuGyeong)

학습부진 및 시간관리에 관심을 가지고 연구를 하였고, 최근에는 대학생의 학습역량 강화 프로그램 개발에 많은 관심을 가지고 있다. 현재 동의대학교 교수학습개발센터 교수로 근무하고 있다.

hdk1225@deu.ac.kr

학습컨설팅 프로그램 시리즈

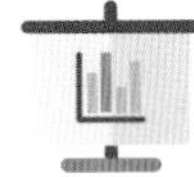

학습전략 프로그램

: 학습컨설턴트, 교사 등 전문가들을 위한 학습전략 프로그램 사용 안내서

- 학습전략 프로그램 1 : 시간관리
- 학습전략 프로그램 2 : 집중전략
- 학습전략 프로그램 3 : 기억전략
- 학습전략 프로그램 4 : 읽기전략
- 학습전략 프로그램 5 : 시험관리

학습전략 프로그램 워크북

: 프로그램에 따른 학습전략 사용능력 향상을 위한 실전용 학생 개별 활동지

- 학습전략 프로그램 워크북 1 : 시간관리
- 학습전략 프로그램 워크북 2 : 집중전략
- 학습전략 프로그램 워크북 3 : 기억전략
- 학습전략 프로그램 워크북 4 : 읽기전략
- 학습전략 프로그램 워크북 5 : 시험관리

학습컨설팅 시리즈
학습전략 프로그램 05 시험관리

초판발행 2020년 3월 4일

공저자 김정섭 · 강명숙 · 윤채영 · 정세영 · 김지영 · 김소영 · 황두경
펴낸이 노 현

편 집 조보나
기획/마케팅 이선경
표지디자인 조아라
제 작 우인도 · 고철민

펴낸곳 ㈜ 피와이메이트
서울특별시 금천구 가산디지털2로 53 한라시그마밸리 210호(가산동)
등록 2014. 2. 12. 제2018-000080호
전 화 02)733-6771
f a x 02)736-4818
e-mail pys@pybook.co.kr
homepage www.pybook.co.kr
ISBN 979-11-6519-004-0 94370
979-11-6519-010-1 94370(세트)

정 가 13,000원

박영스토리는 박영사와 함께하는 브랜드입니다.